O VALOR DA PROPAGANDA

A Editora Cultrix e o grupo Meio & Mensagem se uniram para publicar o que há de melhor e mais destacado na área de *business*. Trata-se de livros dirigidos a profissionais de comunicação e marketing, assim como a executivos e estudantes de visão, que sabem da importância de se conhecer novos caminhos no mundo dos negócios e conquistar a excelência pessoal e profissional.

Extremamente criativas e inovadoras, essas obras apresentam ao leitor os desafios e oportunidades do campo empresarial, na ótica de seus maiores líderes. Alguns dos nossos autores dirigem seu próprio negócio e outros chegaram ao ponto mais alto de suas carreiras em grandes multinacionais. Mas todos, sem exceção, contam o que aprenderam em sua jornada profissional, levados pelo simples desejo de dividir com o leitor a sabedoria e experiência que adquiriram.

Esperamos que você, leitor, ciente de que vive num mundo cada vez mais exigente, ache essas obras tão inspiradoras e úteis quanto nós, da Editora Cultrix e do grupo Meio & Mensagem.

 meio&mensagem

Leslie Butterfield (org.)

O VALOR DA PROPAGANDA

Vinte Maneiras de Fazer a Propaganda
Funcionar para a sua Empresa

Tradução
SANDRA LUZIA COUTO
MIRTES FRANGE DE OLIVEIRA PINHEIRO

EDITORA CULTRIX
São Paulo

Título original: *AdValue — Twenty Ways Advertising Works for Business.*

Copyright © 2003 Leslie Butterfield.

Publicado mediante acordo com Elsevier Ltd., the Boulevard, Langford Lane, Kidlington, OX5 1GB, Inglaterra.

Todos os direitos reservados. Nenhuma parte deste livro pode ser reproduzida ou usada de qualquer forma ou por qualquer meio, eletrônico ou mecânico, inclusive fotocópias, gravações ou sistema de armazenamento em banco de dados, sem permissão por escrito, exceto nos casos de trechos curtos citados em resenhas críticas ou artigos de revistas.

A Editora Pensamento-Cultrix Ltda. não se responsabiliza por eventuais mudanças ocorridas nos endereços convencionais ou eletrônicos citados neste livro.

Dados Internacionais de Catalogação na Publicação (CIP)
(Câmara Brasileira do Livro, SP, Brasil)

O Valor da propaganda : vinte maneiras de fazer a propaganda funcionar para a sua empresa / Leslie Butterfield, (org.) ; tradução Sandra Luzia Couto, Mirtes Frange de Oliveira Pinheiro. — São Paulo : Cultrix, 2005.

Título original: AdValue : twenty ways advertising works for business
Vários colaboradores.
Bibliografia.
ISBN 85-316-0896-1

1. Propaganda 2. Publicidade - Avaliação 3. Publicidade - Marcas de produtos I. Butterfield, Leslie, 1952-.

05-3857 CDD-659.1

Índices para catálogo sistemático:
1. Propaganda 659.1
2. Publicidade 659.1

O primeiro número à esquerda indica a edição, ou reedição, desta obra. A primeira dezena à direita indica o ano em que esta edição, ou reedição, foi publicada.

Edição	Ano
1-2-3-4-5-6-7-8-9-10-11	05-06-07-08-09-10-11

Direitos de tradução para a língua portuguesa
adquiridos com exclusividade pela
EDITORA PENSAMENTO-CULTRIX LTDA.
Rua Dr. Mário Vicente, 368 — 04270-000 — São Paulo, SP
Fone: 6166-9000 — Fax: 6166-9008
E-mail: pensamento@cultrix.com.br
http://www.pensamento-cultrix.com.br
que se reserva a propriedade literária desta tradução.

Impresso em nossas oficinas gráficas.

Sumário

Prefácio de Hamish Pringle, diretor geral do IPA 7
Preâmbulo de Leslie Butterfield 9
Relação dos colaboradores 13

Introdução: O valor da propaganda... e das marcas 23

Parte A — Efeitos sobre o Valor da Empresa

1   Como a propaganda exerce impacto sobre a lucratividade 29
Leslie Butterfield

2   Como a propaganda exerce impacto sobre o preço da ação 40
James Gregory

3   Propaganda e lucratividade: o retorno a longo prazo 51
Marilyn Baxter

4   Como a propaganda afeta o valor para os acionistas 60
Leslie Butterfield

Parte B — Efeitos sobre o Desempenho da Empresa

5   Como a propaganda impulsiona as vendas e o lucro 71
John Philip Jones

6   O impacto da propaganda sobre o processo de vendas 79
Peter Field

7   Como a propaganda motiva a força de trabalho 90
Johnny Hornby

8   De que modo a propaganda on-line pode produzir efeitos
    negociais mensuráveis 101
    Charlie Dobres

9   A propaganda em tempos de recessão 111
    Alex Biel e Stephen King

Parte C — Efeitos sobre o Cliente

10 A evolução do pensamento acerca de "como a propaganda
    funciona" 121
    Tim Broadbent

11 Como a propaganda afeta a fidelidade do cliente 127
    Andrew Crosthwaite

12 Rentabilidade a longo prazo: propaganda *versus* promoção
    de vendas 139
    Alex Biel

13 Como a propaganda opera no mix de comunicação como
    um todo 145
    Malcolm White

14 Como melhores estratégias de mídia conduzem a um
    maior êxito nos negócios 153
    Will Collin

15 Demonstrações tangíveis da contribuição da propaganda 170
    Chris Baker

Parte D — Efeitos sobre a Marca

16 A contribuição da propaganda para gerar preferência
    pela marca 179
    John Bartle

17 Como a propaganda afeta o valor da marca 186
    Simon Cole

18 A propaganda e o sucesso a longo prazo da marca premium 196
    Stephan Buck

19 Como a propaganda trabalha para as marcas 206
    Hamish Pringle

20 A propaganda e a marca não-convencional 216
    Leslie Butterfield

Prefácio

Hamish Pringle
Diretor Geral - IPA

De modo geral, agora as marcas são aceitas entre os bens mais valiosos nos balanços de muitas das grandes empresas e freqüentemente cabe à cúpula administrativa a responsabilidade de gerenciá-las. Isso significa que os chefes executivos e os diretores financeiros são convocados para tomar decisões sobre investimentos relevantes em propaganda e comunicações de marketing para as suas marcas. Contudo, embora essas decisões sejam vitais para a prosperidade futura da empresa e fundamentais para proteger e ampliar o valor para os acionistas, os diretores que as tomam quase sempre têm pouca experiência direta em marketing.

Este livro, inspiração de Leslie Butterfield, foi projetado para dar a confiança necessária aos gerentes de negócios seniores. Eles sabem da força das marcas graças à sua própria experiência pessoal e por observarem as outras empresas, mas precisam de provas concretas, que não estejam ligadas a nenhum estudo de caso em particular, a fim de convencerem a si mesmos e aos outros que a propaganda cumpre o papel de dar suporte às marcas e à empresa em geral.

A idéia de Leslie era produzir uma série de "provas gerais" da eficácia da propaganda. Para tanto, organizou os dados e solicitou ao especialista de cada área que elaborasse um capítulo (além de três capítulos de sua lavra) enfocando uma demonstração em particular da eficácia da propaganda.

Aqui o termo "propaganda" é usado com o sentido que o consumidor lhe dá, o que inclui todas as formas de comunicação de marketing. Assim, embora cada colaborador focalize um determinado aspecto, o todo oferece uma visão geral completa de como as comunicações da marca funcionam e geram dinheiro para a empresa.

A nossa esperança é que esta nova coleção de provas se torne um instrumento valioso para os CEO, os DF e na verdade para todos os diretores de empresas que possuem marcas, cujos ganhos futuros advirão cada vez mais desses bens, se forem gerenciadas profissionalmente.

Hamish Pringle
Diretor Geral - IPA*

---

* Institute of Practitioners in Advertising — é a entidade que congrega as agências de propaganda, de mídia e de comunicação de marketing do Reino Unido.

Sua missão é servir aos interesses coletivos das agências de propaganda, de mídia e de comunicação de marketing, bem como promovê-los e satisfazê-los em particular para definir, desenvolver e ajudar a manter os padrões mais elevados possíveis de prática profissional dentro das empresas de propaganda e comunicação de marketing, negociando em nome de seus membros com organismos da mídia, departamentos governamentais e sindicatos.

www.ipa.co.uk

Preâmbulo

Leslie Butterfield

O grande problema em se responder a perguntas do tipo: "Como a propaganda funciona?" é que há respostas demais! Confrontado com essa questão, o profissional de marketing não sabe bem que direção seguir. Como funciona em termos de vendas? Em termos de construção da imagem? Como funciona para a empresa? Para qualquer consumidor?

Todas essas questões levam a respostas plausíveis, mas parciais. Não existe uma grande teoria ou uma lei simples. Por outro lado, a propaganda de fato funciona — as empresas, suas agências e qualquer pessoa que assista à televisão sabem disso. As marcas de sucesso, da Levis à Lexus, da Kellogg's à Kit Kat, dão testemunho do seu poder. Contudo, a pergunta singela permanece sem resposta — ao menos, sem uma resposta singela.

A verdade é que não existe uma resposta singela. De fato, seria possível argumentar que a resposta varia de empresa para empresa. A lógica nos induziria a afirmar que, como cada marca é única, cada solução de propaganda e, conseqüentemente, seu "mecanismo específico para a eficácia" também é único.

Existe na verdade algo de imensamente poderoso em se acumular desse modo as provas da eficácia da propaganda. E o Reino Unido lidera o mundo em termos de rigor na coleta dessas provas.

Por mais de 20 anos, o Advertising Effectiveness Awards do IPA vem premiando os autores das campanhas publicitárias que constituem os casos mais marcantes e indicativos de como a propaganda consegue mudar o destino das marcas. Esses trabalhos são extremamente difíceis de serem redigidos e são julgados por alguns dos maiores nomes do setor de marketing: clientes, presidentes de agências, econometristas etc. Para vencer, é preciso apresentar um caso inequívoco e demonstrável — e depois submeter-se a um teste intelectual e lógico "sob pressão" de enormes proporções!

Hoje o banco de dados, criado ao longo desses mais de 20 anos, compreende cerca de 700 casos. Mas cada um é único para a sua marca num determinado momento. E aí está o problema. É claro que, para um cliente esclarecido ou para uma agência há lições significativas a serem tiradas, por analogia. As situações vividas no passado por uma marca (principalmente se for da mesma categoria) sugerem soluções para uma marca semelhante dos dias atuais.

Mas, com demasiada freqüência, ouve-se a resposta (mais comumente por parte dos clientes): "Bem, isso pode ter funcionado para a marca X, mas por que funcionaria para a minha?" ou "Talvez isso desse certo em 1990, mas por que daria certo hoje?" Na pior das hipóteses, pode-se dar destaque a esse importante conjunto de conhecimentos precisamente *porque* se trata de um caso específico. Em outras palavras, o argumento do "mecanismo único para a eficácia" é levado ao extremo: "A minha marca é única, então o que posso aprender com o que os outros fizeram?"

E é por isso que este livro foi produzido. Porque, embora cada marca e cada campanha publicitária sejam únicas, existe o que se poderia chamar de "provas gerais" da eficácia da propaganda que corroboram uma parte considerável do pensamento do nosso setor. São provas empíricas, não apenas subjetivas — e têm uma aplicação ampla, que extrapola qualquer caso ou anunciante.

Como membro do comitê de "Valor da Propaganda" do IPA, eu fui por alguns anos encarregado de elaborar estudos de casos de propaganda para algumas platéias bastante difíceis: jornalistas da área econômica, o pessoal da City e analistas, para citar apenas três. O que eu descobri foi que, embora cada caso de propaganda fosse muito relevante como ilustração, o verdadeiro apetite desse público era por exemplos diretos e compreensíveis dos efeitos, em linhas gerais, da propaganda para as empresas.

E é isso o que me propus fazer aqui. Este livro na verdade não trata da teoria da propaganda. Trata de fatos da propaganda. Provas empíricas, demonstráveis de como a propaganda funciona para as empresas. Este é um terreno novo para muitos do setor publicitário — que seriam os primeiros a aceitar que as provas financeiras são as mais difíceis de serem produzidas. De fato, a maioria do pessoal sênior das agências nunca chega a conhecer os diretores financeiros dos seus clientes. Do mesmo modo, algumas das disciplinas que poderiam facilitar esse diálogo são em si mesmas relativamente novas: análise de valor para acionista, avaliação da marca etc.

As agências e os diretores de marketing dos clientes raramente abandonam a "zona confortável" das marcas, a imagem, a personalidade e os efeitos sobre o consumidor no seu diálogo cotidiano. Contudo, cada vez mais se atribui a esses diretores de marketing — e, conseqüentemente, às agências — a responsabilidade pela contribuição financeira da sua propaganda.

Este livro está aqui para ajudar! São 20 capítulos — a maioria não tem mais do que 2.000 palavras, alguns são consideravelmente pequenos —, cada um dos quais abrange uma prova de como a propaganda funciona em termos gerais. Cada um procura demonstrar, de modo absolutamente objetivo e indo direto ao ponto, de que maneira a propaganda contribui para a empresa.

Nenhum dos capítulos constitui um estudo de caso; todos foram concebidos para serem potencialmente aplicáveis a *qualquer* empresa.

Os autores foram instruídos no sentido de: argumentar de modo conciso e objetivo, fornecer provas empíricas, distinguir entre correlação e causalidade e, acima de tudo, pensar na pessoa para quem o capítulo era escrito.

Este livro não tem por alvo primário o público do setor publicitário — embora eu esteja certo de que eles o acharão útil. O livro se destina a todo o pessoal das *empresas* que faz da propaganda o meio para atingir as *metas* de sua empresa.

O livro se divide em quatro partes, conforme a área em que os efeitos da propaganda podem ser observados:

- Efeitos sobre o valor da empresa
- Efeitos sobre o desempenho da empresa
- Efeitos sobre o cliente
- Efeitos sobre a marca

Apresenta, além disso, uma breve seção introdutória e cada capítulo é precedido por seu resumo objetivo — a "síntese do argumento".

Os autores pertencem ao setor publicitário, à comunidade dos clientes e ao mundo acadêmico — e o perfil de cada um está resumido na lista de colaboradores. Eu gostaria de aproveitar a oportunidade para agradecer a cada um pela sua contribuição.

Finalmente, meus agradecimentos a Hamish Pringle, Kezia Chapman e Jill Bentley, do IPA, aos meus colegas da Partners BDDH e à minha AP, Nicki Jackson, pela sua ajuda para reunir todas as peças.

Leslie Butterfield

Colaboradores

Chris Baker
Chris já foi agraciado com o Advertising Effectiveness Award, do IPA, e também presidiu o corpo de jurados do Advertising Effectiveness Award de 1992 e 1994, além de editor do *Advertising Works* 7 e 8. Deixou a Universidade de Sussex para juntar-se ao British Market Research Bureau em 1973, mudando-se para a Saatchi & Saatchi como account planner em 1981, passando a diretor de planejamento substituto em 1988. Foi membro fundador e diretor de Planejamento da BST.BDDP em 1990, tornando-se diretor executivo de planejamento da empresa depois da fusão BDDP.GGT, em 1997, e então ingressou na TBWA em decorrência da subseqüente fusão, em 1998. Chris é atualmente diretor de consultoria estratégica da TBWA — Londres, trabalhando com uma variada gama de clientes nacionais e internacionais.

John Bartle
Até o final de 1999, John Bartle era diretor-presidente adjunto da Bartle Bogle Hegarty (BBH), agência publicitária que ajudou a fundar em 1982. Depois de se formar pela Nottingham University com bacharelado em Economia Industrial, iniciou sua carreira em 1965 na Cadbury (posteriormente Cadbury Schweppes), onde trabalhou durante oito anos, passando depois a gerente de marke-

ting da empresa Foods Group, de onde saiu em 1973 para ajudar a fundar a filial de Londres da agência publicitária TBWA. Inicialmente ocupando o cargo de diretor de planejamento lá, tornou-se diretor administrativo adjunto de 1979 até sair para iniciar a BBH, em 1982. Atualmente está envolvido em inúmeras organizações, tanto da área comercial quanto do setor de serviço voluntário, em funções de consultoria. Isso inclui a COI Communications, a Guardian Media Group, agência de mídia on-line *i-level*, a empresa de produção digital Dare Digital e a Barnados. Foi presidente do IPA (Institute of Practitioners in Advertising — Instituto dos Profissionais de Propaganda) de 1995 a 1997, passou alguns anos no Conselho da UK Advertising Association (Associação de Propaganda do Reino Unido) e é atualmente presidente da NABS, sociedade beneficente da área de comunicações.

Marilyn Baxter

Marilyn Baxter é *chairman* da empresa de comunicações e pesquisa de marcas Hall & Partners. Marilyn passou mais de 25 anos em propaganda e pesquisa em inúmeras agências, mais notadamente na Saatchi and Saatchi, onde foi diretora executiva de planejamento e *vice-chairman* por doze anos. Durante o tempo em que trabalhou em propaganda, foi afiliada ao Institute of Practitioners in Advertising e membro do Conselho do IPA, além de *chairman* do Value of Advertising Committee (Comitê de Valor da Propaganda) do IPA. Marilyn também trabalhou numa usina de idéias (no IPC) e em política pública (no National Economic Development Office). Freqüentemente escreve e dá palestras sobre propaganda, comunicações e temas correlatos.

Alexander L. Biel

Conceituado consultor na área de pesquisa internacional, Alex Biel estudou na Universidade de Chicago e na Columbia. Depois de trabalhar como diretor associado de pesquisa na Leo Burnett Chicago, ocupou uma série de cargos do alto escalão da Ogilvy & Mather na Europa e América do Norte. Até recentemente, foi diretor executivo do Centre for Research and Development do WPP. É diretor (não executivo) da Research International e administra a Alexander L. Biel & Associates, uma empresa internacional de consultoria com sede em Mill Valley, Califórnia.

Tim Broadbent

Tim é diretor executivo de planejamento da Bates, Reino Unido. É professor visitante de Marketing de The London Institute, afiliado ao IPA, membro do Conselho do IPA e do Value of Advertising Committee do IPA.

É a única pessoa a ter vencido duas vezes o Grand Prix nos Advertising Effectiveness Awards do IPA, pelas campanhas da John Smith's e BMW, tendo ganhado ainda um terceiro Gold pela campanha da Colgate. Presidiu o corpo de jurados dos IPA Awards em 2000 e foi editor da *Advertising Works 11*.

Tim formou-se pela Universidade de Sussex como bacharel em Filosofia e em Metafísica. Trabalha como account planner desde que saiu da Beecham para ingressar na BMP, em 1978. Foi diretor da FCB, da Saatchi & Saatchi e da WCRS, além de diretor de planejamento e sócio-gerente da Y&R. Em 2000, juntou-se ao novo time de administradores da Bates UK.

Stephan Buck

Stephan Buck é o principal diretor não executivo da Taylor Nelson Sofres plc (TNS), a maior empresa de pesquisa de mercado do Reino Unido e a quarta maior do mundo. Formado em Estatística Matemática (PhD London University), ingressou na AGB (hoje parte do TNS Group) assim que saiu da faculdade e participou do seu crescimento espetacular. Em especial, ajudou a projetar, implementar e administrar inúmeros serviços inovadores de pesquisa, avaliando os hábitos de compra e mídia preferida dos consumidores do Reino Unido e de muitos outros países, incluindo EUA, Austrália e vários da Europa. Em 1987, o dr. Buck introduziu a tecnologia PeopleMeter no setor de mídia dos EUA e foi um dos quatro indicados pelo influente *Gallagher Report* como "a pessoa que mais fez pelo progresso do marketing e da propaganda em 1987"; os outros indicados eram *chairman* da Coca-Cola, The Ford Motor

Company e P&G. Stephan Buck é afiliado e membro honorário da Market Research Society (Sociedade de Pesquisa de Mercado), de cuja publicação *Journal* é co-editor. Também faz parte do conselho editorial do *Journal of Brand Management*. Trabalhou no Conselho da Royal Statistical Society e foi jurado do Advertising Effectiveness Awards do IPA. Reconhecido como comentarista especializado em marketing e mídia, o dr. Buck ministra sempre conferências, além de ter publicado inúmeros trabalhos, alguns dos quais são considerados como modelos em seus respectivos campos. Stephan é casado, tem quatro filhos — todos seguindo carreira em pesquisa, propaganda e marketing. É um jogador talentoso de golfe e bridge, tendo chegado à final britânica do campeonato mundial de pôquer — um triunfo para a teoria das probabilidades!

Leslie Butterfield

Leslie Butterfield é um dos estrategistas mais respeitados do setor publicitário do Reino Unido, além de ter integrado o pequeno grupo que concebeu a disciplina de Account Planning (Planejamento de Conta) no Reino Unido e agora também em todo o mundo. Mas seu grande amor sempre foram as marcas e seu marketing.

Depois de completar o mestrado em Marketing, iniciou sua carreira publicitária na Boase Massimi Pollitt (atual BMP DDB) e, de 1980 a 1987, foi diretor de planejamento da Abbott Mead Vickers. Em 1987, Leslie saiu para inaugurar sua própria agência, a Butterfield Day Devito Hockney. Hoje com o nome de Partners BDDH, a agência seguiu de vento em popa ao longo dos seus dezesseis anos. Ele foi diretor de planejamento e agora é *chairman* da agência.

Leslie é afiliado e membro do Conselho do IPA desde 1992 e, em 1997, publicou *Excellence in Advertising*, uma compilação de alguns trabalhos de destaque elaborados nos cursos do IPA. Uma segunda edição foi publicada em setembro de 1999. Leslie também é co-autor de um livro publicado pelo IPA intitulado *Understanding the Financial Value of Brands*.

Em março de 2001, Leslie fundou a Butterfield8, uma consultoria de estratégia de marca onde Leslie é o ponto de apoio de uma equipe de 8 associados advindos de várias áreas empresariais. A Butterfield8 dá consultoria sobre estratégia de marcas a inúmeros clientes, dentre os quais se destacam a Mercedes-Benz, o Co-operative Group e o governo do Reino Unido.

Simon Cole

Simon Cole integra a diretoria da Interbrand e dirige o treinamento em Modelagem da Marca, da Interbrand. É responsável por estender a avaliação de marca de produto e desenvolver seu papel como instrumento administrativo para os proprietários de marca e como meio para quantificar o impacto sobre o lucro, o efeito da marca e a atividade de marketing. Foi responsável pela avaliação de marcas como American Express, Andersen Consulting, Accenture, Powergen, Heineken, TNT Post Group e BBC. Afora isso, efetuou avaliação de brand equity de grandes marcas, como Canon, Toyota e Gore Tex. Antes de ingressar na Interbrand, foi diretor de planejamento comercial da Saatchi & Saatchi, onde foi responsável pelo desenvolvimento de estratégia de negócios, marca e comunicação de um amplo leque de clientes tanto do Reino Unido quanto internacionais. Simon é bacharel em Matemática, com mestrado em Pesquisa Operacional, ambos os cursos feitos na Universidade de Sussex.

Will Collin

Depois de se formar pelo Keble College, Oxford, Will iniciou sua carreira na BMP DDB como account planner estagiário, em 1989. Nos oito anos seguintes, trabalhou com inúmeras contas, incluindo a da Heinz Baked Beans, a da Alliance & Leicester e a da Sony. Em 1994, foi membro fundador da BMP Interaction, a unidade digital e interativa especializada da agência, onde se envolveu de perto nos primeiros testes de TV interativa com a Cambridge Cable e a BT. Foi promovido à diretoria da agência em 1996. Em 1997, mudou-se para a agência de planejamento de mídia New PHD, como diretor de estratégia de comunicações, para levar as disciplinas com foco no consumidor de account planning para o mundo da estratégia de mídia. Trabalhando com contas como as da BT, Mercedes-Benz, NCR, BBC e UKTV, Will desenvolveu o pensamento estratégico da agência e seu uso de pesquisa qualitativa em estratégia de mídia. Em 2000, fundou a Naked Communications com seus colegas, também diretores da New PHD Group, Jon Wilkins e John Harlow. A Naked foi premiada como a Campanha do Ano por seu trabalho para a Selfridges no *Campaign* Media Awards de 2001, e foi considerada a Agência do Ano de 2002 pela *Media Week*. Dentre os clientes atuais de Will destacam-se a Hutchison 3G UK, o Department of Health e a Sony PlayStation. Ele tem proferido regularmente palestras sobre o tema New Media (Nova Mídia) para (dentre outros) o Media Circle, The Marketing Council e The Account Planning Group, além de já ter sido jurado na categoria Mala-Direta dos D&AD Awards de 2002.

Andrew Crosthwaite

Andrew Crosthwaite graduou-se em Inglês na Worcester College, Oxford, antes de ingressar na Ogilvy Benson and Mather como estagiário graduado em Gerência de Conta. Em 1985, depois de trabalhar algum tempo na Publicis e na Doyle Dane Bernbach, ingressou na FCO como diretor de planejamento. Em 1993, a FCO foi absorvida pela Euro RSCG Wnek Gosper, onde se tornou chefe de planejamento. Em 1996, Andrew lançou-se numa nova empreitada sob a corporação guarda-chuva Euro RSCG, chamada Euro RSCG Upstream, uma consultoria de comunicações e marca que trabalha com clientes da agência e também de fora. No começo de 1999, saiu para fundar uma consultoria de marcas independente. É afiliado ao IPA e membro de The Marketing Society's Innovations Team. Ganhou bronze em 1994 no Effectiveness Awards do IPA e uma Medalha de Louvor em 1996.

Charlie Dobres

Charlie Dobres é CEO da i-level. Trabalha com a nova mídia desde o início, em 1995. Em 1996, criou a Lowe digital, um setor autônomo de marketing digital. Esse setor especializado da agência publicitária Lowe Howard-Spink em pouco tempo se firmou como um dos expoentes do marketing digital do Reino Unido.

Charlie foi membro fundador do Digital Marketing Group, uma associação das agências líderes em mídia digital do Reino Unido. Depois disso, tornou-se secretário geral fundador do Interactive Advertising bureau (Reino Unido).

Então, no final de 1998, tornou-se um dos fundadores da i-level, atualmente a agência líder em mídia on-line do Reino Unido. A i-level trabalha com anunciantes dos mais importantes, como BT, Smile, Yell and William Hill e foi considerada a Agência de Mídia Digital do Ano nos últimos dois anos pelas revistas *Revolution* e *Campaign*. Além da propaganda on-line, a i-level agora expandiu suas atividades, compreendendo também consultoria de marketing digital e auditoria de eficiência de website.

Charlie mora em Pinner com a esposa, Karen, e a filha, Millicent-Muriel.

Peter Field

Peter Field iniciou sua carreira em 1982 na BMP, onde foi estagiário na área de planejamento. Passou 9 anos na AMV.BBDO antes de passar a gerenciar os departamentos de planejamento da Dorlands and Grey. Desde 1997 trabalha como consultor autônomo de planejamento, bem como, mais recentemente, sócio da Eatbigfish, a consultoria de marca challenger (numa tradução simplista, empresas que, embora não sejam líderes, inovam e quebram paradigmas do mercado). Foi membro do Value of Advertising Committee do IPA por cinco anos e chefe do IPA Data Bank de estudos de caso de eficácia.

James R. Gregory

Jim Gregory é fundador e CEO da Corporate Branding, LLC, uma empresa internacional de comunicações e estratégia de marca com sede em Stamford, Connecticut, e escritórios em Nova York e Tóquio. Com 30 anos de experiência em propaganda e construção de marcas, Jim é reconhecido como grande especialista em administração de marca e reputado por desenvolver instrumentos pioneiros e inovadores para avaliação do poder das marcas e seu impacto sobre o desempenho financeiro das corporações.

Dentre os instrumentos que Jim desenvolveu destacam-se o Corporate Branding Index ® (CBI) — um veículo de pesquisa que investiga o desempenho financeiro e a reputação de mais de 1000 empresas comerciais públicas em 45 setores desde 1990. A CoreBrand se vale do CBI para ajudar os clientes a comparar a sua marca com a de suas concorrentes no setor e a determinar de que modo as comunicações poderão exercer impacto sobre a reputação corporativa e sobre o desempenho financeiro — incluindo o preço das ações.

Jim trabalha no conselho de marca da New York Stock Exchange e ministra palestras sobre os benefícios financeiros da propaganda e do gerenciamento de marcas para *The Wall Street Journal* e *Business Week*.

Jim escreveu quatro livros sobre criação de valor por meio das marcas — *Marketing Corporate Image, Leveraging the Corporate Brand, Branding Across Borders* e o mais recente, *The Best of Branding*.

O sr. Gregory pode ser contatado diretamente pelo endereço jgregory@corebrand.com.

Johnny Hornby

Johnny Hornby formou-se pela Universidade de Edimburgo e foi estagiário da Ogilvy & Mather. Em 1995 ingressou na CDP como diretor de contas e se revelou alguém em que se "devia prestar atenção" na Campaign. Deixou seu cargo como diretor de serviços ao cliente na CDP para se tornar diretor de grupo de contas na TBWA, em 1998. Foi designado diretor administrativo adjunto da TBWA em 2000 e foi responsável pela conquista e implementação da campanha que resultou na segunda vitória esmagadora do Partido Trabalhista em 2001. Em julho de 2001, juntamente com Simon Clemmow, aliou-se a Charles Inge para fundar a Clemmow Hornby Inge — e a agência hoje conta com clientes tais como Tango, Heineken, *The Telegraph* e Carphone Warehouse.

John Philip Jones

John é um professor norte-americano de propaganda que nasceu na Grã-Bretanha. Tem 27 anos de experiência profissional, incluindo 25 anos em operações internacionais na J. Walter Thompson Company e 21 anos na Newhouse School of Public Communications, Universidade de Siracusa, Nova York. John é professor adjunto do Royal Melbourne Institute of Technology, Austrália, e autor de cinco livros (traduzidos para seis idiomas) e mais de setenta artigos publicados nos principais jornais, inclusive os profissionais. É editor e co-autor de cinco importantes manuais, abrangendo todos os aspectos da prática profissional da propaganda, publicados pela Sage Publications Inc. Prestando consultoria a inúmeras organizações nacionais e internacionais de primeira linha, na maioria anunciantes e agências publicitárias, John viaja pelo mundo inteiro em razão do seu trabalho. É especialista em mensuração e avaliação dos efeitos da propaganda e autor de dois conceitos amplamente adotados para mensurá-los. John já foi agraciado com inúmeros prêmios e menções honrosas nacionais. Em 2003 publicou o livro *Fables, Fashions and Facts About Advertising: A Study of 35 Enduring Myths*.

Stephen King

Stephen passou a maior parte de sua vida profissional na J. Walter Thompson, em Londres, e se tornou diretor dessa empresa multinacional em 1985. Trabalhou em muitas das principais contas da agência e se envolveu com pesquisa de propaganda, marketing, desenvolvimento de produtos e modelagem de mercado. Em 1968, criou o departamento de account planning da JWT, o primeiro do setor publicitário do Reino Unido. A partir de meados dos anos 1980, concentrou-se em estabelecer métodos de planejamento de propaganda comuns para a empresa internacional. Depois de se aposentar da JWT em 1988, trabalhou durante quatro anos como diretor não executivo da WPP e, como *freelance*, prestou consultoria para a American Express, De Beers, Shell, Nestlé, HongKong Telecom, JWT e Hill & Knowlton. De 1992 a 2001 foi diretor não executivo do Henley Centre. É autor de *Developing New Brands* e de inúmeros artigos sobre criação de marca, propaganda e pesquisa de mercado. É professor visitante de Comunicações de Marketing do Cranfield School of Management.

Hamish Pringle

Hamish formou-se pela Trinity College, Oxford, em 1973, com bacharelado em PPE (Filosofia, Política e Economia), e ingressou na Ogilvy & Mather como estagiário graduado nesse mesmo ano. Depois de temporadas na Boase Massimi Pollitt, na Publicis, na Abbott Mead Vickers, na sua própria agência Madell Wilmot Pringle e na Leagas Delaney, Hamish entrou na KHBB em 1992 e se tornou *chairman* e CEO em 1995. Em 1997, depois da fusão, tornou-se *vice-chairman* e diretor de marketing da Saatchi

& Saatchi. Durante esse período, Hamish teve bastante contato com o IPA, onde se tornou membro do President's Committee (1994-96), membro do Conselho (1985-86, 1989-98), *chairman* do Advertising Effectiveness Committee (1993-96) e *chairman* da IPA Society (1984-85). Também foi *chairman* do NABS, do setor beneficente (1996-98), e trabalhou no NABS General Management Committee (1993-2000). Foi co-autor de dois livros — *Brand Spirit* (1999) e *Em Sintonia com a Marca* (publicado pela Ed. Cultrix, 2004). Em agosto de 2001, Hamish se tornou diretor geral do IPA (veja www.ipa.co.uk).

Malcolm White
Formado pela London University, com mestrado em Inglês e Literatura Inglesa, Malcolm iniciou sua carreira publicitária na DMB&B. Mudando-se para a BMP DDB Needham, trabalhou com um amplo leque de clientes, incluindo Crookes Healthcare (OTC Pharmaceuticals), Trebor Bassett, COI/Department of Social Security e foi designado para a diretoria da agência. Na BMP, Malcolm foi diretor estratégico da bem-sucedida campanha eleitoral do Partido Trabalhista. Por mérito próprio, ganhou o Effectiveness Award do IPA pela Strepsils (quando estava na BMP) e um prêmio da APG pela Nestlé Rowntree (quando estava na APL). Malcolm ingressou na Partners BDDH em 1998, com o encargo de desenvolver a missão de pensamento criativo da agência, e é responsável pelo departamento de planejamento da agência. Desde então, ganharam dois Effectiveness Awards do IPA por seu trabalho para a Co-op Retail, além do Ouro e o Grand Prix nos APG Awards de 2001, pelo seu trabalho para o Transport for London.

Introdução
O valor da propaganda...
e das marcas

Leslie Butterfield

A propaganda passa, mas a marca fica. Porque são as marcas, mais do que apenas a sua propaganda, que constituem um valor sustentável a longo prazo para os clientes da empresa. "Sustentável" porque podem demandar fidelidade. "Longo prazo" porque freqüentemente se fala sobre décadas de contribuição. E "valor" porque as marcas *são* valiosas — para as empresas de marketing e, portanto, para as agências publicitárias.

Se alguém tiver alguma dúvida sobre o valor das marcas, basta fazer duas coisas. A primeira é verificar até que ponto a capitalização de mercado das empresas que possuem produtos com marcas excede o valor do seu ativo tangível. Na Bolsa de Valores dos EUA esse percentual cresceu de aproximadamente +50%, em 1993, para em torno de +90% em 2001. No caso de empresas como a Coca-Cola, por exemplo, esse percentual chegou a atingir +3.000%! No Reino Unido, três exemplos serão suficientes: no caso da Cadbury Schweppes, o excedente da capitalização de mercado sobre os tangíveis totaliza cerca de £1,0 bilhão (+22%), no da Sainsbury, de £1,4 bilhão (+40%) e no da Scottish and Newcastle Breweries, colossais £2,4 bilhões (+110%)!

A segunda consiste em verificar quais empresas adquirentes estão preparadas para pagar pelas marcas. Nos EUA, a Philip Morris pagou £8 bilhões pela Kraft, quatro vezes o seu valor contábil. No Reino Unido, a Nestlé pagou £2,8 bilhões pela Rowntree, cinco vezes seu valor contábil, por marcas que incluíam Kit Kat e Polo, ambas sendo subseqüentemente exploradas e exportadas no seu potencial máximo.

As marcas, portanto, estão sendo cada vez mais reconhecidas como de vital importância para muitas das principais empresas. O *ex-chairman* da Unilever, sir Michael Perry, resumiu esse fato com perfeição ao afirmar:

Os principais bens de uma empresa varejista, de um modo esmagador, são as suas marcas. Elas têm valor incalculável, representando tanto a sua herança do passado quanto o seu legado no futuro. Para se obter êxito como empresa de bens de consumo não existe alternativa, mas criar, nutrir e investir em marcas.

O último ponto, sobre investimento, é particularmente interessante para aqueles que trabalham em propaganda. Porque, vistas sob esse prisma, as marcas são bens em que se investe — e não, como se pensa atualmente, "itens" de marketing para os quais se alocam e contabilizam os custos para apenas o ano em que surgem.

Paralelamente ao aumento do interesse pelas marcas, observa-se também um interesse crescente pela questão da avaliação da marca. Esse tema tem sido elevado de mera discussão arcana acerca do balanço patrimonial contábil para uma posição de importância muito mais preponderante. A avaliação da marca permite às empresas de marketing quantificar o valor financeiro real de seus ativos mais valiosos. Já não é necessário que esse valor seja, como expressou sir Michael, incalculável.

É possível que nada disso constitua uma grande revelação para o leitor. A maioria não precisará ser convencida do papel que as marcas podem desempenhar na geração de valor sustentável a longo prazo. As questões fundamentais consistem em: "Os outros reconhecem a importância da propaganda?" e "Reconhecem a sua contribuição para esse valor?" No momento, suspeito que as respostas aqui sejam "em parte" e "às vezes".

Quanto à primeira pergunta, o IPA, em conjunto com a KPMG, recentemente procedeu a uma pesquisa sobre as atitudes dos diretores financeiros em relação a marketing e propaganda. As descobertas obtidas com essa pesquisa foram bastante reveladoras. Nas respostas à questão "Em que medida você vê os seguintes itens como investimentos necessários para o crescimento a longo prazo?", a opção "marketing" foi a quinta dentre as cinco apresentadas. Mas quando se tratava de cortar verbas em razão de elevação dos custos, marketing e propaganda surgiram em primeiro lugar. Não é de surpreender — embora os critérios que a maioria dos DF adota para mensurar a eficácia do marketing e da propaganda sejam absolutamente obtusos. Nessas avaliações, o volume de vendas, por exemplo, é apontado como quatro vezes mais importante do que a imagem da marca.

E quanto à outra questão, acerca do reconhecimento da contribuição da propaganda, a seguinte afirmação de Dominic Cadbury, *chairman* da Cadbury Schweppes, foi citada em *Marketing Week*:

A obsessão pela propaganda explica por que o marketing tem de travar uma luta séria na sala da diretoria e por que a noção do marketing como fonte de vantagem competitiva é recebida com suspeita.

É uma pena que um comentarista tão eminente encare com tanto ceticismo a contribuição do marketing e da propaganda. Em resposta a uma carta minha, porém, ele fundamentou assim a sua visão:

> Estou comprometido com a importância do marketing em todos os seus aspectos, como estou comprometido em melhorar a eficácia do que fazemos. Contudo [ele prosseguiu], eu de fato penso que existe um problema cada vez maior em torno da nossa prestação de contas aos nossos acionistas, porque eu os vejo cada vez mais preocupados em analisar e questionar os gastos com marketing.

São essas duas questões gêmeas da eficácia e da prestação de contas que jazem no bojo do debate sobre a contribuição da propaganda e são elas também que ocupam a posição central em praticamente todos os capítulos deste livro.

O IPA está na linha de frente, tentando promover uma compreensão maior do valor financeiro atribuível às marcas como principal medida da eficácia da propaganda. Por um tempo demasiado longo, o foco no setor publicitário concentrou-se nos efeitos a curto prazo da propaganda sobre as vendas e a participação no mercado e não o suficiente nos efeitos difíceis de quantificar sobre a marca ou mesmo sobre o valor da empresa.

O IPA já buscou alargar os critérios por meio dos quais os Advertising Effectiveness Awards são julgados para levar em consideração essa definição ampliada do papel da propaganda. Sua missão agora é fomentar o debate, demonstrando que o valor financeiro de uma marca também pode ser a medida-chave da eficácia da propaganda, automaticamente possibilitando toda uma nova visão para as decisões orçamentárias em relação ao marketing e à propaganda. Se servir apenas de instrumento interno de uma empresa que possua produtos de marca — para assegurar que todas as suas avaliações se concentrem no valor do ativo das suas marcas — mesmo assim pode conduzir àquelas outras avaliações que tratam os gastos com propaganda como investimento e não como mera despesa.

No futuro, será somente contando com provas como essa que os varejistas (e suas agências publicitárias) poderão construir um estudo de caso sustentável para os outros setores da empresa, visando ao investimento em marcas. Os departamentos de marketing em geral — e as agências publicitárias em particular — precisam erguer os olhos, bem como seus padrões, se quiserem sentar-se à mesa para participar da tomada de decisões acerca desse tipo de investimento.

O IPA concorda plenamente que as agências devem assumir a responsabilidade pela eficácia do seu trabalho para os clientes — eficácia em todos os sentidos, incluindo a prestação de contas financeiras. A contribuição máxima que uma agência pode dar é a ampliação do valor para acionistas da empresa do seu cliente.

À medida que avançar por este livro, o leitor encontrará outros exemplos desse tipo de pensamento. Novas formas de se avaliar a eficácia financeira da propaganda. Novos enfoques para avaliar a prestação de contas dos gastos com propaganda. Novos modos de compreender, em outras palavras, todo o alcance da contribuição da propaganda. E assim fazendo, nós temos a esperança de podermos começar a construir pontes entre o setor publicitário, de um lado e, do outro, as comunidades de marketing, finanças e administração dentro das empresas clientes.

Por fim, o leitor já terá observado que em todos os pontos eu usei apenas a palavra "propaganda" como foco do nosso interesse. No mundo atual, fica cada vez mais claro e reconhecido que a propaganda "tradicional" não é senão um dos instrumentos da caixa de "comunicações de marketing". Dentre os outros instrumentos da caixa podemos citar marketing direto, promoção de vendas, patrocínio, RP, mídia digital etc.

Entretanto, permanece o fato de que, em todos os setores que não o das comunicações de marketing, a palavra comumente empregada é "propaganda" — e essa palavra é quase sempre usada como símbolo e como receptáculo de todos os instrumentos de comunicação de marketing. Como o público-alvo deste livro na verdade não pertence ao setor, eu usei bastante a palavra propaganda ao longo do texto.

Na verdade, mesmo dentro do portfólio das comunicações de marketing, a propaganda efetivamente desempenha um papel especial. Nenhum dos outros instrumentos, em minha opinião, realmente demonstra a mesma capacidade de motivar, de entusiasmar, de provocar emoções, de alcançar tanto o coração quanto a mente do público. É por isso que ela tem sido por vezes descrita como a última grande geradora de vantagem competitiva injusta! É por isso que vale a pena estudar a sua incomparável contribuição. E é por isso que este livro foi feito.

PARTE A

Efeitos sobre o Valor da Empresa

Síntese da argumentação: Capítulo 1

Uma nova prova produzida pela base de dados do PIMS a pedido do IPA revelou que:

A propaganda exerce impacto sobre a lucratividade porque ajuda a determinar o Valor do Cliente

- A correlação entre propaganda e a lucratividade não é direta, mas indireta.
- É o Valor do Cliente que promove a lucratividade.
- E a propaganda contribui para o Valor do Cliente percebido.

A propaganda exerce um efeito na qualidade percebida — a qualidade percebida determina o Valor do Cliente

- Existe uma correlação direta entre propaganda e qualidade percebida.
- A propaganda bem-sucedida também constrói a imagem do produto/serviço e a reputação da empresa, que são componentes-chave da qualidade percebida.
- A qualidade percebida impulsiona o Valor do Cliente.

A propaganda bem-sucedida investe maciçamente em sua participação no mercado

- As marcas ou empresas que investem em propaganda para que a sua participação no volume total de propaganda veiculada (*share of voice*) fique acima e além da sua participação no mercado superam os concorrentes em desempenho.

A propaganda que não só investe mais em sua participação no mercado, mas também consegue promover a percepção da qualidade do produto, é a mais bem-sucedida de todas

- A base de dados do PIMS mostra claramente que o estilo e o conteúdo da propaganda exercem um significativo impacto sobre o seu êxito. O investimento por si só não garante o sucesso.
- A propaganda que se concentra na imagem do produto, na reputação da empresa e/ou outros atributos-chave que geram a percepção do consumidor sobre a qualidade relativa — e, conseqüentemente, sobre o valor — será bem-sucedida em termos empresariais.

Capítulo 1
Como a propaganda exerce impacto sobre a lucratividade

Leslie Butterfield

O PIMS

Tom Peters, o celebrado consultor administrativo, descreve o PIMS como "a mais extensa base de dados estratégicos do mundo". A partir de sua gênese em Harvard, em 1972, o sistema abrange atualmente mais de 3.000 empresas — enfeixando uma experiência empresarial maciça de 20.000 anos. O apêndice deste capítulo apresenta os detalhes da construção dessa base de dados e a natureza das informações que coleta. Basta dizer que o foco para o presente estudo foram as 200+ empresas que operam principalmente em produtos de marca na Europa (veja Ilustração 1.1).

A busca do IPA

O interesse do IPA pela base de dados do PIMS originou-se na conscientização da crescente exigência, por parte da cúpula administrativa das empresas, de "provas gerais" do valor da propaganda, bem como do banco de dados em franca expansão em que o IPA, nos últimos 18 anos, vem coletando estudos de casos individuais que comprovam a eficácia da propaganda.

Entre essas provas gerais estão os estudos de longo prazo conduzidos por, entre outros: AC Nielsen acerca do efeito negativo que a remoção do apoio da propaganda exerce sobre a participação da marca no mercado; o trabalho realizado nos EUA pela American Association of Advertising Agencies acerca do impacto da propaganda sobre o desempenho dos preços das ações; e a pesquisa empreendida por inúmeros acadêmicos nas duas últimas recessões para identificar os efeitos de longo prazo de significativos decréscimos no apoio promocional para as marcas.

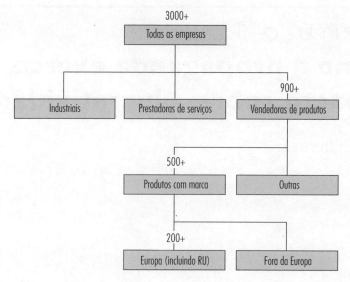

Ilustração 1.1 Seleção de comparações da base de dados do PIMS.
(Fonte: Base de dados do PIMS © 1998 PIMS Europe Ltd)

Além disso, o IPA tem promovido ativamente o tema da Avaliação da Marca — como um meio para as empresas de marketing e suas agências entenderem melhor o considerável valor intangível de seus ativos — no que diz respeito às marcas — e investir neles em conformidade.

A relação entre propaganda e lucratividade

A análise apresentada aqui, em contraste, concentra-se especificamente na relação entre propaganda e lucratividade (*) — tanto de forma direta quanto, talvez até a mais importante, indireta, por meio da qualidade percebida. É difícil exagerar-se a relevância da qualidade percebida da marca para a decisão de comprar e para a fidelidade do cliente. David Aaker, em seu excelente livro *Building Successful Brands*, descreve pormenorizadamente o poder dessa relação e conclui:

> A qualidade percebida é o fator mais importante para o retorno do investimento (RDI) das empresas, exercendo um impacto maior do que o da participação no mercado, de P&D ou das despesas com marketing ... está geralmente no cerne de tudo o que os consumidores compram e, nesse sentido, é

(*) Definida para os propósitos deste trabalho como Retorno do Investimento (RDI).

o principal indicador do impacto da identidade de uma marca. Mais interessante, entretanto, é que a qualidade percebida reflete um indicador de "excelência" que se dissemina por todos os elementos da marca ... Quando a qualidade percebida aumenta, o mesmo em geral ocorre com outros elementos da percepção do consumidor em relação à marca.

O que buscamos aqui, portanto, foi explorar a relação quantitativa e *causal* entre propaganda, qualidade percebida e lucratividade. E, como a maioria das buscas, a nossa não constituiu uma jornada fácil.

O modelo do PIMS

A Ilustração 1.2 mostra as bem definidas relações causais que sabemos existirem dentro do banco principal de dados do PIMS. É indiscutível que o PIMS — que, com uma amostra *total* de 3.000+ empresas, possibilita uma oferta de valor

Ilustração 1.2 Elos entre o Valor do Cliente, lucratividade e crescimento.
(Fonte: PIMS database © 1998 PIMS Europe Ltd)

superior aos clientes (sejam esses outras empresas ou indivíduos consumidores dos produtos da marca) — constitui um fomentador da maior relevância do crescimento e da lucratividade. Além disso, dentro da nossa subamostra de produtos de marca, nós podemos mostrar que o Valor relativo do Consumidor se correlaciona em alto grau com a lucratividade (veja Ilustração 1.3).

Valor do Cliente - Definição

O Valor do Cliente, por sua vez, é definido pela perspectiva do consumidor como uma combinação de qualidade da oferta total com o preço, ambos mensurados *em relação* aos concorrentes. Desses dois fatores, dada a força do argumento de David Aaker que expusemos acima (e, é lógico, dadas as próprias provas fornecidas pelo PIMS), é a qualidade relativa percebida que apresenta o maior interesse para nós. Daí a nossa necessidade de uma análise que nos per-

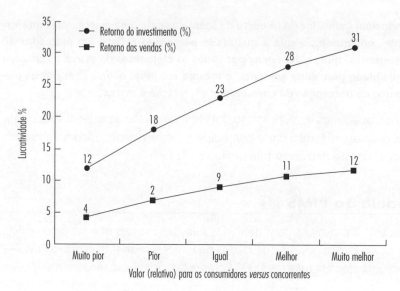

Ilustração 1.3 O Valor do Cliente impulsiona a lucratividade.
(Fonte: PIMS database © 1998 PIMS Europe Ltd)

mita examinar a relação direta e causal entre propaganda e lucratividade mediante a variável intermediária da qualidade relativa percebida. Por fim, também sabemos que um dos principais *componentes* da qualidade relativa consiste em "imagem do produto e reputação da empresa" (veja Ilustração 1.4).

Munidos desses inúmeros elos e relações, nós agora prosseguimos para examinar em que medida é possível demonstrar o papel que a propaganda pode desempenhar para moldar e influenciar os fatores acima.

O impacto da propaganda

Nossa primeira análise especial foi projetada para examinar a relação entre os níveis absolutos de gasto com propaganda (expressos em % de vendas) e a qua-

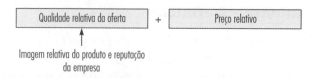

Ilustração 1.4 Os componentes fundamentais do Valor do Cliente.
(NB: O Valor do Cliente é mensurado em relação aos concorrentes conforme percebido pelos clientes)

lidade relativa da oferta. Na superfície, os resultados (Ilustração 1.5) parecem decepcionantes: existe pouca ligação entre os dois fatores.

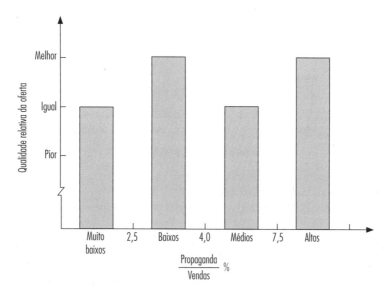

Ilustração 1.5 Os níveis absolutos do gasto com propaganda *não* estão intimamente ligados à qualidade relativa da oferta.
(Fonte: Base de dados do PIMS abrangendo empresas européias de bens de consumo © 1998 PIMS Europe Ltd)

A importância do gasto relativo

Recobramos o ânimo, porém, quando repetimos a análise, mas dessa vez examinando o gasto com propaganda (novamente expressa em termos de Propaganda/Vendas) em comparação com o dos concorrentes... para todos os propósitos, um indicador da "participação no volume total de propaganda" em relação à participação no mercado. A ilustração 1.6 mostra o que se encontrou com essa análise e o resultado não deixa dúvidas: o gasto com propaganda *em comparação com o dos concorrentes* está intimamente ligado à qualidade relativa da oferta.

A conclusão é nítida e relevante, qual seja: influenciar a percepção do consumidor sobre a qualidade do seu produto (e, em decorrência, do seu valor) não é uma questão do *quanto* você gasta, mas do quanto gasta a *mais* que os seus concorrentes. Aqui vale a pena observar dois outros pontos.

Paradoxalmente, a inexistência de correlação na análise da Ilustração 1.5 nos dá *maior* confiança na causalidade da relação descrita na Ilustração 1.6. Se

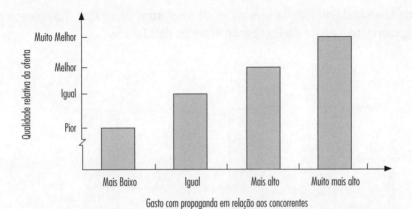

Ilustração 1.6 O gasto com propaganda em comparação com o dos concorrentes (*) está intimamente ligado à qualidade relativa da oferta.
(Fonte: Base de dados do PIMS abrangendo empresas européias de bens de consumo © 1998 PIMS Europe Ltd)

a causalidade inversa fosse verdadeira (isto é, que melhor qualidade conduzisse a maior gasto com propaganda), então esperaríamos que a mesma relação se refletisse tanto nos gastos absolutos da Ilustração 1.5 como nos gastos relativos da Ilustração 1.6. Como isso não ocorre, a nossa confiança na *verdadeira* causalidade da Ilustração 1.6 se intensifica.

Gastar mais em relação aos concorrentes não é um "conselho ditado pelo desespero" para as marcas que ocupam do segundo lugar para baixo! O que estamos afirmando é que as marcas precisam gastar mais (em termos de participação no volume total de propaganda) *em relação à sua participação no mercado* — e absolutamente não mais do que, por exemplo, a marca líder.

(*) Trata-se de uma comparação entre a relação propaganda/índices de venda de uma empresa e a de suas principais concorrentes.
Mais baixos — Os índices de propaganda/vendas de suas principais concorrentes são no mínimo 1% maiores do que os da empresa.
Iguais — Os índices de propaganda/vendas da empresa são entre 1% menores e 1% maiores do que os de suas principais concorrentes.
Mais altos — Os índices de propaganda/vendas da empresa são de 1% a 3% maiores do que os de suas principais concorrentes.
Muito mais altos — Os índices de propaganda/vendas da empresa são, no mínimo, 3% maiores do que os de suas principais concorrentes.

Propaganda e qualidade percebida

A mesma lógica permanece verdadeira quando examinamos os componentes-chave da qualidade percebida: a imagem do produto e a reputação da empresa. Novamente a análise mostrou poucas evidências de correlação entre gastos *absolutos* e esses componentes. Entretanto, quando examinamos o nosso indicador de gasto relativo (ou seja, a participação no volume total de propaganda), a correlação revelou-se imensa (veja a Ilustração 1.7). É essa análise que nos conduz à segunda conclusão fundamental deste estudo.

Como "a imagem do produto e a reputação da empresa" constituem não só componentes da qualidade, mas *seus propulsores*, nós sugeriríamos que não é apenas "qualquer velha propaganda" o que conta, mas sim a propaganda que busca e tem êxito em gerar uma percepção da qualidade do produto, seja diretamente ou pela intermediação da imagem do produto e da reputação da empresa.

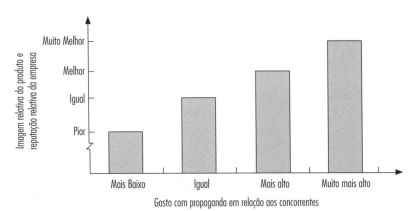

Ilustração 1.7 O gasto com propaganda *em comparação com o dos concorrentes* também está intimamente ligado à imagem relativa do produto e à reputação relativa da empresa.
(Fonte: Base de dados do PIMS abrangendo empresas européias de bens de consumo © 1998 PIMS Europe Ltd)

De que forma a propaganda exerce impacto sobre a lucratividade

A combinação dessas duas análises especiais e as conclusões que delas extraímos significam que agora podemos expandir o modelo que examinamos primeiro na Ilustração 1.2. A Ilustração 1.8 mostra que o modelo expandido — com o acréscimo dos três maiores níveis, em decorrência das análises reportadas aqui. Ademais, podemos ficar muito confiantes acerca da causalidade (e não apenas correlação) de cada elo individual ilustrado.

Conclusões

Embora tivesse sido prazeroso mostrar uma simples relação causal entre propaganda e lucratividade, a influência, na vida real, de outros fatores nos levaram a demonstrar a causalidade por meio de um conjunto de variáveis intervenientes. Dentre elas, de longe a mais relevante é o Valor relativo do Consumidor — e temos condições de demonstrar o impacto da propaganda sobre essa variável por meio do seu efeito sobre a qualidade relativa percebida. Mas o mais importante é que nós vimos que são os níveis do gasto relativo (mais do que os do absoluto) com propaganda que mostram a correlação mais forte aqui. Isso conduz à interessante conclusão de que o fundamental não é tanto o quanto você gasta, mas o quanto gasta a mais que os seus concorrentes.

Esse dado também sugere uma segunda conclusão: a de que a natureza da propaganda também é vital — seu foco deve concentrar-se na imagem do produto, na reputação da empresa e/ou outros atributos-chave que impulsionam a percepção do consumidor sobre a qualidade relativa e, portanto, do valor. Os elos a que assim chegamos (resumidos na Ilustração 1.8) são mais complexos do que o ideal almejado, mas ao menos proporcionam a sensação de "mundo real".

A análise descrita aqui não sugere que todas as propagandas conduzem a um aumento da lucratividade (ou seja, que exista aí uma relação universal); sugere enfaticamente, entretanto, que a propaganda que promove a qualidade exer-

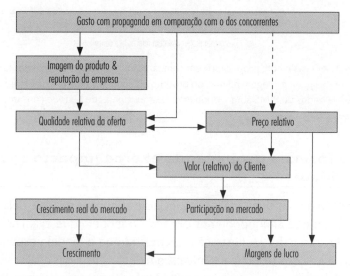

Ilustração 1.8 Elos entre propaganda, lucratividade e crescimento.
(Fonte: PIMS database © 1998 PIMS Europe Ltd)

ce *de fato* esse efeito. Raramente é fácil demonstrar as relações causais em áreas como a propaganda. Mas, com essa análise podemos no mínimo confiar no efeito fundamental da propaganda sobre a fortuna das empresas. E, embora sejam menos simples do que a maioria dos modelos de efeitos da propaganda, esses elos que pudemos demonstrar podem ser mais honestos do que alguns deles!

Apêndice: Explicação sobre a base de dados do PIMS

A base de dados do PIMS acerca do desempenho de unidades negociais apreende as características estruturais e o desempenho competitivo e financeiro de unidades negociais de empresas internacionais. O nome "PIMS" — Profit Impact of Market Strategy (Impacto da Estratégia de Mercado) descreve o propósito essencial da construção e do uso da base de dados do PIMS, qual seja o de identificar e quantificar os fatores não financeiros, principalmente a estratégia de mercado das empresas, que exercem impacto sobre a sua lucratividade, bem como outros indicadores de desempenho.

Por volta de 1997, havia mais de 3.000 unidades negociais na base de dados. Cada uma constitui uma unidade estratégica dentro de uma empresa, responsável por um conjunto específico de produtos e serviços para consumidores específicos, contra concorrentes específicos. São unidades de todas as partes do mundo, embora a maioria pertença a *North American Free Trade Area* (Tratado de Livre Comércio da América do Norte) ou à Europa. Cada unidade negocial é descrita quantitativamente em termos de:

- Características do mercado em que a unidade atua
- Posição competitiva da unidade nesse mercado
- Lucros, estrutura de custos, capital empregado e produtividade

Esses dados abrangem ao menos quatro anos consecutivos de informações sobre o desempenho real de cada unidade. As unidades compreendidas pela base de dados do PIMS representam um amplo espectro dos setores industriais. Das cerca de 900 unidades de bens de consumo, aproximadamente 500 são de bens de consumo de marca, das quais mais de 200 localizam-se na Europa.

O perfil de cada unidade é traçado a partir de mais de 400 variáveis, informadas pelos respectivos gerentes e verificadas pela equipe do PIMS. Todos os dados são informados confidencialmente no curso do processo de avaliação estratégica, de modo que existe um incentivo real para os gerentes fornecerem dados precisos (verificados pelos consultores do PIMS), para comparação adequada com empresas análogas na base de dados do PIMS.

A base de dados do PIMS foi originalmente projetada na General Electric e na Harvard Business School no começo dos anos 1970 e, posteriormente, pelo Strategic Planning Institute de Boston, EUA, para possibilitar análises estatísticas das diferenças no desempenho entre empresas em diferentes circunstâncias competitivas e diferentes setores da indústria, bem como para identificar e quantificar os "propulsores" subjacentes de desempenho.

Para maiores detalhes acerca do conteúdo e da história da base de dados do PIMS, leia *The PIMS Principles*, de R. Buzzel e B. Gale (Free Press, 1987).

nhos quanto mais longo for o prazo. Uma empresa que cresce rapidamente em geral tem índice preço/lucro e múltiplo de fluxo de caixa mais altos.

Os resultados da empresa e a avaliação do mercado de ações, por sua vez, influenciam o valor para os acionistas. O valor para os acionistas é uma combinação de crescimento do preço da ação e dos dividendos pagos. Os dividendos são afetados pelas vendas, pelos ganhos e fluxo de caixa dos resultados da empresa e não pela avaliação do mercado de capitais. O preço da ação, contudo, é influenciado tanto pelos resultados da empresa quanto pela avaliação do mercado de ações.

Qual é o impacto que a imagem exerce sobre o preço da ação?

Os fatores que exercem impacto sobre o preço da ação, com base nessa pesquisa, estão na Ilustração 2.2. A análise da CB explica 87 por cento da variação no preço da ação (uma definição matemática da variação no preço da ação de empresa para empresa) em decorrência de inúmeros fatores, a maioria dos quais ligada à empresa. Não surpreendentemente, o fluxo de caixa, os ganhos e dividendos explicam 30 por cento da variação no preço da ação. Se o fluxo de caixa de uma empresa é alto, os ganhos são altos e os dividendos são altos, a empresa em geral desfruta de um preço de ação mais alto.

O fluxo de caixa, os ganhos e os dividendos tendem a formar uma base sobre a qual o mercado constrói e a partir da qual outras características da empresa se desenvolvem. O crescimento do preço da ação constitui 20 por cento da sua variação. Se a ação cresceu firmemente nos últimos anos, as chances são de que continue a crescer e o mercado de ações concede a isso um premium. Outra fatia do bolo, 20 por cento, é representada pelo crescimento estimado do fluxo de caixa. O crescimento estimado do fluxo de caixa é determinado por quanto os analistas prevêem que o fluxo de caixa crescerá no futuro.

Um fator interessante que se descobriu com a pesquisa é o porte da empresa. O melhor é quando se trata de uma empresa de médio porte. Esse fator responde por 6 por cento do bolo. As empresas pequenas demais ou demasiado grandes sofrem uma desvantagem real em termos de avaliação do mercado de ações.

Todos os demais fatores sendo iguais, as empresas de médio porte tendem a receber do mercado de capitais pontuações melhores do que as pequenas ou as grandes. O crescimento acelerado é mais difícil para uma empresa enorme como a General Motors. Obviamente, é possível superar a desvantagem de ser tão grande contrabalançando-a com os fatores positivos. O mesmo

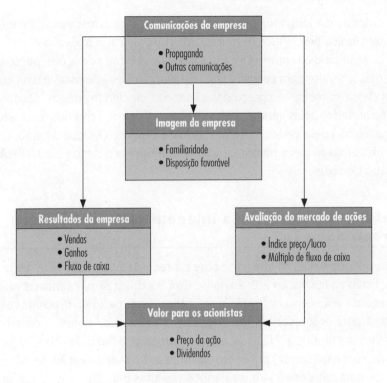

Ilustração 2.1 Os elos entre as comunicações da empresa e o preço da ação.
(Fonte: Corporate Branding, LLC)

tão familiarizadas com a empresa a vêem? De que modo os tomadores de decisões comerciais vêem a reputação da empresa, a maneira como é administrada e seu potencial de investimento?

A pesquisa da CB revelou que a imagem da marca exerce impacto de dois modos. Um deles sobre os resultados da empresa: as vendas geradas, os ganhos e o fluxo de caixa provenientes dessas vendas. As descobertas demonstram que a imagem também afeta o modo como o mercado de ações avalia a empresa em termos do índice preço/lucro (o *premium/ágio* que o mercado confere aos ganhos quando estabelece o preço da ação) e de múltiplo de fluxo de caixa (o premium conferido ao fluxo de caixa).

Ao longo dessa cadeia de eventos, o múltiplo de fluxo de caixa é afetado tanto pela imagem quanto pelos resultados da empresa. Uma empresa de crescimento rápido como a Microsoft é um bom exemplo de como os resultados da empresa exercem impacto sobre seu múltiplo. Como se preocupa com o futuro tanto quanto com o presente das empresas, o mercado de capitais responde a uma empresa que cresce rumo ao futuro, uma empresa que mostrará mais ga-

Capítulo 2
Como a propaganda exerce impacto sobre o preço da ação

James Gregory
Sob uma perspectiva britânica, de Jeremy Hicks

Com relação à pesquisa

A nossa pesquisa se concentrou em 50 empresas da *Fortune 100* ao longo de um período de 7 anos, avaliando as mudanças ocorridas em sua reputação em confronto com os padrões de gasto com propaganda, de crescimento dos ganhos, da receita e do desempenho das ações. Na fase seguinte da pesquisa, ampliamos a nossa base para 220 empresas, com o objetivo de expandir e quantificar mais o conhecimento adquirido no primeiro estudo. A análise nessa escala maior revelou-se inteiramente coerente com as nossas descobertas originais. De fato, pudemos quantificar os modelos de imagem e preço da ação de modo ainda mais detalhado.

As relações que unem as comunicações da imagem da empresa, a imagem da empresa e o valor para os acionistas

A Ilustração 2.1 demonstra a cadeia de eventos que unem as comunicações da imagem, a imagem e o valor para os acionistas. O núcleo da equação são as comunicações da imagem, que consistem na empresa, na marca e na propaganda comercial que divulga o nome da empresa e que, como se tem mostrado, exerce impacto quantitativo sobre a imagem. Essa imagem, por sua vez, apresenta duas dimensões: a familiaridade e a disposição favorável por parte do consumidor. Familiaridade é um indicador quantitativo dos tomadores de decisões comerciais familiarizados com a empresa — sua audiência. Disposição favorável é o aspecto qualitativo da imagem: de que modo esses consumidores que es-

Síntese da argumentação: Capítulo 2

Pesquisa feita pela Corporate Branding, LLC Stamford, Connecticut, EUA, defende o argumento de que a propaganda exerce impacto sobre o preço da ação porque:

- A imagem da marca é uma combinação de familiaridade e disposição favorável por parte do consumidor.
- A imagem da marca exerce impacto tanto nos resultados da empresa quanto no modo como esta é avaliada pelo mercado de ações em termos do índice preço/lucro e o múltiplo de fluxo de caixa.
- A imagem exerce influência direta sobre 5 por cento da variação do preço da ação.
- A imagem exerce influência indireta sobre 70 por cento dos outros fatores que influem no preço da ação.
- A propaganda é o maior contribuinte isolado para a imagem.

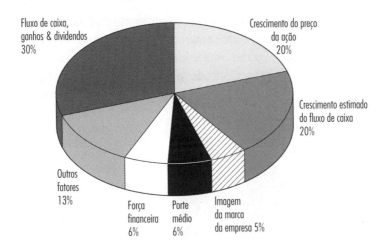

Outros fatores:
- Fusão, aquisição ou desinvestimento
- Novos produtos ou processos
- Novos setores
- Evento ou publicidade
- Recomendações do consultor financeiro
- Mudanças na administração

Ilustração 2.2 Fatores que explicam o preço da ação
(Fonte: Corporate Branding, LLC)

se aplicaria às empresas de porte menor. As empresas menores podem ser percebidas como desprovidas de recursos ou dominadas pelas empresas maiores. Contudo, outros fatores positivos podem contrabalançar as desvantagens.

A pesquisa da CB mostrou que a imagem explica 5 por cento da variação no preço da ação. A imagem não constitui um percentual imenso quando comparado ao fluxo de caixa, aos ganhos ou aos dividendos, mas é decididamente significativa — e foi uma descoberta importante e muito animadora. Dentre os outros fatores relacionados ao negócio sobre os quais a empresa tem pouco controle, a imagem é um fator real de alavancagem, um instrumento que pode ser usado para afetar o preço da ação de uma empresa. E é de se notar o fato de constituir um fator praticamente tão importante quanto a força financeira (a solidez de uma empresa baseada em ganhos estáveis e montante do débito), que responde por 6 por cento, na determinação do preço da ação. Essa pesquisa fez verdadeiras incursões no deciframento dos fatores que influenciam o preço da ação, com 87 por cento da variação inquestionavelmente identificados.

A imagem é mais do que a soma de suas partes

Além de exercer um impacto direto sobre o preço da ação, é certo que a imagem também influencia o fluxo de caixa, os ganhos e os dividendos, o crescimento do preço da ação e o crescimento esperado do fluxo de caixa (veja a Ilustração 2.3). A imagem, quando somamos as influências diretas e as indiretas sobre o preço da ação, exerce uma influência de 75 por cento dos fatores que compõem o preço da ação. Contudo, o impacto direto específico e mensurável da imagem (5 por cento) por si só é extremamente significativo.

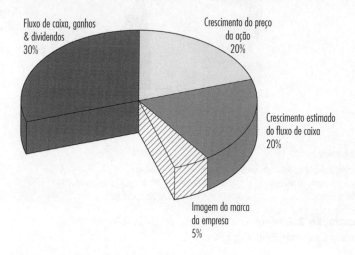

Dos fatores que contribuem para o preço da ação:
• A imagem da marca da empresa exerce um impacto direto de 5%
• 70 por cento dos outros fatores são influenciados pela imagem da marca da empresa

Ilustração 2.3 Fatores influenciados pela imagem da marca.
(Fonte: Corporate Branding, LLC)

Quantificação da imagem: que papel a propaganda desempenha?

Com base na análise de 220 empresas, a CB pôde quantificar a maioria dos fatores relevantes que explicam a imagem da marca de uma empresa (Ilustração 2.4). A parte maior da imagem pode ser atribuída ao gasto com propaganda, que tem o robusto peso de 30 por cento e constitui o fator mais importante na determinação da imagem. O porte da empresa, com 23 por cento, também é digno de nota. Foram detectados outros fatores importantes para explicar a imagem. Um deles é o montante de dividendos que uma empresa paga, que explica 10 por cento da imagem. O interessante é que nós descobrimos que, com igualdade de todos os demais fatores, as empresas que pagam dividendos baixos têm imagens mais elevadas do que as que pagam dividendos altos.

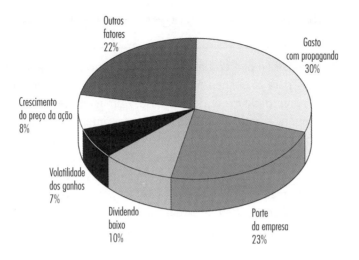

Outros fatores:
- Evento e publicidade
- Mudança na administração
- Setor a que pertence
- Comportamento do preço da ação
- Categorias de produto
- Qualidade das mensagens

Ilustração 2.4 Fatores que contribuem para a imagem da marca
(Fonte: Corporate Branding, LLC)

No setor de tecnologia encontramos dois bons exemplos desse fenômeno: o da Intel e o da Microsoft. As duas empresas pagam dividendos relativamente baixos, mas a imagem das suas marcas é positiva e poderosa porque elas são percebidas como mais dinâmicas, voltadas para o futuro e dotadas de maior potencial de crescimento, já que reinvestem nas próprias empresas. A familiaridade e a disposição favorável são enormes. Em comparação, os eletrodomésticos pagam dividendos altos, mas conta com menor oportunidade percebida de crescimento futuro. A imagem de suas marcas é geralmente menos positiva ou poderosa.

A volatilidade dos ganhos, que explica 7 por cento da imagem, funciona do mesmo modo que os dividendos baixos. As empresas com maiores flutuações de ganhos tendem a usufruir de uma imagem melhor. Novamente, como regra, as empresas de alta tecnologia mostram maior volatilidade no mercado do que as de eletrodomésticos.

O último fator significativo que contribui para a imagem é o próprio crescimento do preço da ação, que explica 5 por cento da imagem. Uma ação que mostra crescimento no passado terá uma imagem melhor do que uma ação que não tem crescido. Como a sua análise foi expandida, a CB pôde explicar 78 por cento da variação na imagem.

A variação do impacto da imagem sobre o preço da ação

A Ilustração 2.5 demonstra o percentual de variação atribuível à imagem. A média é 5 por cento. Mas, para 25 por cento das empresas que apresentam alto crescimento, o índice é na verdade maior do que esse. A imagem desempenha um papel muito mais preponderante numa indústria de crescimento e mudança acelerados. Em outras palavras, a imagem trabalhará mais arduamente para gerar um preço de ação mais alto. A Lucent Technologies, por exemplo, possui uma alavanca melhor para erguer a sua imagem do que uma empresa de eletrodomésticos ou de crescimento mais mediano como a DuPont. As empresas de grande crescimento como a Lucent tendem a extrair melhores resultados dos dólares que investem em propaganda do que as empresas de crescimento baixo.

Ilustração 2.5 Percentual de variação atribuível à imagem da marca da empresa
(Fonte: Corporate Branding, LLC)

Os benefícios variáveis da propaganda para o valor para os acionistas

A distribuição do índice custo/benefício corresponde ao valor aumentado para os acionistas dividido pelo custo da propaganda, nas 220 empresas estudadas na pesquisa. Com base nas relações quantificadas entre propaganda e imagem e imagem e preço da ação, a CB pôde aferir de que maneira os diferentes níveis de gasto com propaganda afetam o preço da ação e, em decorrência, o valor para os acionistas (preço da ação multiplicado pelo número de ações emitidas que estão em circulação). Pode-se então desenvolver um índice custo/benefício para cada empresa.

A Ilustração 2.6 mostra a distribuição dos índices custo/benefício. Se, na sua empresa, esse índice cair para menos de 1 (29 por cento das empresas da

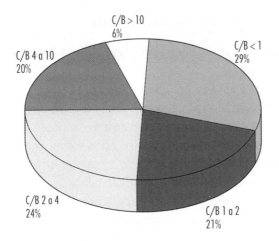

Ilustração 2.6 Distribuição dos índices custo/benefício
(Fonte: Corporate Branding, LLC)

amostra), você deveria fazer propaganda com base nas necessidades comerciais da empresa, já que não é possível justificar o gasto com base apenas no aumento do valor para os acionistas. Com um índice custo/benefício entre um e dois (21 por cento das empresas da amostra), para a sua empresa é melhor fazer propaganda do que não fazê-la, mas uma redução de caixa ou o surgimento de oportunidades extraordinárias de investimento pode eliminar o investimento em propaganda.

Com um índice de 2 a 4 (24 por cento das empresas da amostra), há uma excelente oportunidade para fazer propaganda com base apenas num valor crescente para os acionistas. Seria difícil a sua empresa encontrar oportunidades para investir que mostrassem melhores resultados. Se o seu índice for superior a quatro (20 por cento das empresas da amostra), você dispõe de um montante tremendo para alavancagem por meio de propaganda institucional, a fim de exercer impacto sobre a imagem e, por sua vez, no preço da ação. Isso se amplifica para os 6 por cento de empresas que apresentaram índice superior a 10. A pesquisa chegou até a identificar algumas poucas e afortunadas empresas que mostraram um índice custo/benefício superior a 20.

Saber onde a sua empresa se situa em termos de índice custo/benefício é dispor de uma informação extremamente valiosa para ajudar a determinar o conjunto de estratégias de comunicação, uma informação que o seu CEO e o CFO gostarão de ter.

Uma perspectiva do Reino Unido

Por Jeremy Hicks, diretor financeiro do grupo Abbott Mead Vickers.BBDO no "aquecimento" para a aquisição pela Omnicom

O Reino Unido é amplamente percebido como culturalmente semelhante aos EUA, ao menos em termos negociais. Em ambos os mercados a propaganda e o marketing constituem setores bem desenvolvidos; a população dos dois países é formada por consumidores sofisticados e conhecedores de mídia. O mercado de capitais tanto de um quanto de outro representa variações no mesmo modelo "anglo-saxônico" empresarial/capitalista.

As diferenças existentes entre os dois são relativamente insignificantes, comparadas com as similaridades. Compare o Reino Unido com outras culturas européias e essa realidade será enfatizada. Compare o Reino Unido ou os EUA com algumas economias orientais (países da antiga cortina de ferro, China) ou do sul (América Latina, África) e essa conclusão será inevitável.

Assim sendo, estou convencido de que as conclusões da pesquisa de Gregory são tão verdadeiras no Reino Unido quanto o são nos EUA.

Atualmente, a maioria dos executivos daqui concordaria que a propaganda desempenha um papel-chave na geração das vendas e dos valores da marca de longo prazo. Mesmo o diretor financeiro mais belicoso, que advogue cortar a propaganda dos orçamentos em épocas de recessão, ergueria as sobrancelhas se lhe sugerissem cortar a propaganda em definitivo.

Existe inclusive uma pesquisa recente do PIMS que demonstra que a manutenção do gasto com propaganda durante os dois últimos períodos de recessão foi associada ao aumento da participação no mercado durante os subseqüentes períodos de recuperação.

Essa pesquisa pode, conseqüentemente, dar a impressão de que não faz outra coisa além de confirmar a visão do senso comum (embora isso por si só já tenha valor). Contudo, o mais importante é que essa pesquisa estabelece um elo entre gasto com propaganda e conquista de um objetivo administrativo muito mais fundamental — melhorias no valor para os acionistas. É necessário enriquecer as conclusões com pesquisas adicionais e é de se esperar que um elo causal possa ser estabelecido.

Entretanto, mesmo de forma preliminar, essa pesquisa é sem dúvida relevante para os gerentes de todas as empresas públicas. Eu, porém, como contador inglês, considero esse trabalho particularmente excitante.

No Reino Unido observa-se uma forte tendência à adoção da técnica de administração baseada em valor. Essa técnica subordina os indicadores contábeis tradicionais de desempenho a indicadores mais intimamente ligados ao valor real. Os instrumentos contábeis tradicionais são, portanto, inadequados para fornecer as informações necessárias para administrar empresas dessa maneira.

O atual sistema contábil é profundamente cético em relação à contabilidade de bens intangíveis, com base em que, se não puder ser quantificado, não deve constar do balanço. Desse modo, essa parte do valor real de uma empresa — representada por intangíveis tais como marcas, marcas registradas ou patentes — pode simplesmente não ser representada sob nenhuma forma nos documentos de contabilidade na convenção atual.

Ao fornecer um elo entre gasto com propaganda, valores da marca e daí para avaliações das ações da empresa, essa pesquisa pode constituir o primeiro passo para sanar essa omissão. Se for provado que o dinheiro gasto com propaganda tem um valor sólido e demonstrável em termos de investimento tanto quanto o dinheiro gasto em peças do maquinário, então a lógica de contabilizar o investimento em propaganda no balanço começa a ser estabelecida. Se isso se tornasse uma prática aceita em contabilidade, então a administração ficaria livre da pressão para cortar o gasto durante os períodos de queda da atividade econômica e teria mais condições para se concentrar na criação de valor de longo prazo.

Síntese da argumentação: Capítulo 3

Os resultados de uma análise especial da base de dados do PIMS encomendada pelo IPA, em conjunto com casos específicos extraídos do IPA Awards Data Bank, mostram que a propaganda contribui para a lucratividade a longo prazo.

- A propaganda cria valor afetando diretamente a qualidade relativa percebida.
- A propaganda conquista prêmios significativos para empresas que mantêm seu investimento em propaganda e, desse modo, preservam a percepção de sua qualidade relativa a longo prazo.
- Mesmo em condições econômicas ou comerciais difíceis, pode-se demonstrar que o investimento contínuo em propaganda gera retorno.
- Contudo, por mais que tenham a boa intenção de pensar a longo prazo, muitas empresas cortam seu gasto com propaganda quando a situação fica difícil. Mas, de maneira geral, essa estratégia não compensa.
- As empresas que aumentaram o gasto com propaganda durante os períodos de redução da demanda mostraram-se significativamente mais lucrativas do que aquelas que mantiveram o mesmo gasto ou que o cortaram.
- Depois que se recuperam, as empresas que aumentaram ou mantiveram o gasto com propaganda durante o período de dificuldade mais rapidamente obtêm aumento dos lucros nos primeiros dois anos após a recuperação.
- Aquelas que aumentaram o gasto com propaganda durante os tempos difíceis aumentaram mais depressa sua participação no mercado quando a recuperação se iniciou.

Capítulo 3
Propaganda e lucratividade: o retorno a longo prazo*

Marilyn Baxter

Introdução

Faz quase dez anos que o IPA abordou pela primeira vez o espinhoso tema da mensuração dos efeitos da propaganda a longo prazo. O estudo do IPA *Longer and Broader Effects of Advertising*[1], publicado em 1990, compilou o pensamento vigente sob as luzes da época, com a editoria de Chris Baker.

Em sua introdução, Chris ressaltou a relativa falta de estudos até aquela data que avaliassem os efeitos mais estratégicos e os de longo prazo da propaganda na construção de marcas valiosas, de fidelidade do cliente e de lucratividade das empresas. Embora suas observações condenando o imediatismo das empresas britânicas pudessem facilmente ter sido escritas ontem, é agradável notar que a intenção por trás dessa publicação e a simultânea introdução da categoria "Longer and Broader" (Mais longos e amplos) nos Advertising Effectiveness Awards foram muito bem percebidas. Atualmente nós *dispomos* de um grande número de trabalhos e estudos de caso específicos que articulam e avaliam os efeitos a longo prazo da propaganda.

O mais interessante dentre os estudos recentes foi elaborado por especialistas em *benchmarking* da PIMS Associates em colaboração com o IPA[2]. Essa parceria foi formada para satisfazer à crescente demanda, por parte dos gerentes seniores, de "provas de ordem geral" do valor da propaganda para compor a base de dados em expansão dos casos individuais dos Advertising Effectiveness Awards.

---

* Este artigo foi publicado pela primeira vez na *Admap* de julho de 2000. Foi reproduzido aqui com a sua gentil permissão.

Na tarefa de produzir provas persuasivas do valor da propaganda, que é a missão do Value of Advertising Committee (Comitê de Valor da Propaganda), nós continuamente nos debatemos com o paradoxo de que o particular não prova o geral e vice-versa. De fato, alguns céticos questionam o valor dos estudos de caso dos Effectiveness Awards em virtude de eles serem casos específicos e, portanto, as provas fornecidas serem próprias de uma empresa em particular, não tendo, pois, valor geral.

Mas eles também questionam as análises de natureza *geral*, alegando que não existe o que se chama de "empresa média" e o estudo de seu caso, portanto, não é necessariamente aplicável a qualquer outra empresa. A nossa abordagem, assim sendo, é a de produzir provas tanto de estudos gerais quanto de casos específicos, com o intuito de fornecer algumas respostas para as questões: a propaganda cria valor a longo prazo para as marcas e empresas e, em caso afirmativo, como ela o faz — e será que podemos mensurar a extensão desse valor?

Para fornecer provas gerais do valor a longo prazo da propaganda, o IPA encomendou duas análises especiais da base de dados do PIMS, que abrange mais de 3.000 empresas de todo o mundo. A primeira focalizou uma subamostra de 200 companhias que operam na Europa, principalmente no setor de produtos de consumo de marca. Os resultados desse estudo foram publicados pela primeira vez em setembro de 1998 por Leslie Butterfield, como um trabalho da IPA AdValue: "How advertising impacts on profitability"[3]. A segunda análise enfocou uma subamostra diferente: 183 empresas do Reino Unido que enfrentaram condições recessivas de mercado. As experiências desse grupo em particular foram consideradas interessantes porque somente quando uma empresa enfrenta condições de mercado difíceis é que suas boas intenções de manter a fé e a crença em propaganda são colocadas à prova. Desse modo, as condições econômicas adversas são freqüentemente os obstáculos que derrubam muitas das estratégias de longo prazo e, por isso, esse trabalho representa uma espécie de "teste de resistência" do valor a longo prazo da propaganda. Além disso — e para fornecer exemplos de casos específicos —, foram examinados inúmeros estudos de caso da base de dados do IPA com cerca de 650 vencedores dos Advertising Effectiveness Awards.

A relação entre propaganda e lucratividade

O primeiro estudo do PIMS é valioso porque prova que existe uma relação *causal* (e não apenas associativa) entre gasto com propaganda e lucratividade e, como essa relação não é simples nem direta, também articula o *modo* como a propaganda exerce impacto sobre a lucratividade.

O modelo elaborado a partir da análise do PIMS pode ser visto na Ilustração 3.1. As principais descobertas são que:

- A propaganda exerce impacto sobre a lucratividade porque contribui para um fator que é fundamental para impulsionar a lucratividade: o valor relativo do consumidor.
- O fator fundamental para impulsionar o valor relativo do consumidor é a qualidade percebida e existe uma correlação direta entre propaganda e qualidade (percebida pelo consumidor).
- Propaganda bem-sucedida é, portanto, aquela que constrói a imagem do produto ou serviço e a reputação da empresa, sendo ambas componentes-chave da qualidade percebida.
- A propaganda bem-sucedida investe maciçamente em sua participação no mercado: as marcas ou empresas que investem em propaganda para que sua participação no volume total de propaganda veiculada seja maior do que a sua participação no mercado têm desempenho superior ao da concorrência.
- Não é apenas "qualquer velha propaganda" que causa esse efeito: o simples gasto por si só não basta. O estilo e o conteúdo da propaganda também são importantes. A propaganda que focaliza a imagem do produto, a reputação da empresa e/ou outros atributos basilares que impulsionam a percepção do cliente da qualidade relativa e, em decorrência, do valor, terá sucesso em termos comerciais.

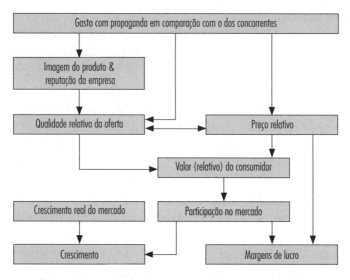

Ilustração 3.1 Elos entre propaganda e lucratividade

Raramente é fácil demonstrar relações causais em discussões sobre propaganda. Essa análise, contudo, fornece provas de que a propaganda é eficaz na criação de valor para as empresas e mostra com clareza como ela funciona, além de orientar de modo objetivo os publicitários acerca de *como* gastar sua verba para propaganda.

Exemplos de propaganda a longo prazo

Alguns estudos de caso importantes do IPA Awards, principalmente aqueles que entraram para a categoria "Longer and Broader", ilustram bem esse modelo.

O caso Andrex, de 1992, mostra o efeito da propaganda ao longo de 20 anos, desde 1972, quando a famosa propaganda "Puppy" foi introduzida. O estudo de caso mostra que a propaganda da Andrex, ao melhorar a imagem da marca e a qualidade relativa percebida, construiu para a empresa a maior marca do mercado, com cerca de 30 por cento de participação ao longo do período, um volume forte e estável de crescimento e um preço premium médio em torno de 30 por cento. A Andrex tem superado de modo constante e significativo o desempenho da sua principal concorrente, a Kleenex Velvet, em testes de marca *versus* testes cegos; mesmo durante os períodos em que, nos testes cegos, a qualidade da Kleenex Velvet foi julgada melhor, a Andrex ainda mostrava um desempenho superior nos testes de marca.

A força da marca Andrex ajudou-a a manter-se incólume perante o aumento inexorável dos rótulos próprios dos varejistas: a participação dessas etiquetas (nenhuma das quais é adequadamente apoiada por propaganda da marca) no segmento de toalha de papel para cozinha e lenço de papel subiu para mais de 55 por cento ao longo do período, embora no segmento de papel higiênico se limitasse a cerca de 40 por cento. O estudo de caso estima que ao longo dos últimos dez anos, a propaganda na TV foi responsável por 300 milhões de libras de vendas extras — para um gasto com propaganda de 54 milhões de libras.[4]

O estudo da propaganda da PG Tips cobre um período ainda mais longo — de 1956 a 1990. Em decorrência da nova campanha publicitária apresentando os PG Chimps, a PG Tips cresceu rapidamente da quarta posição, em 1956, para marca líder em 1958 e *manteve* a posição de liderança nas três décadas seguintes, com um volume de participação permanentemente alto e estável, a despeito da forte pressão da concorrência, da introdução no mercado de rótulos de varejistas, das promoções competitivas e de uma participação no volume total de propaganda veiculada menor do que a dos concorrentes.[5]

Mais uma vez se mostrou que a qualidade relativa superior foi estabelecida pela propaganda e não pela qualidade do produto: nos testes cegos, os consumidores acharam praticamente impossível distinguir entre as marcas, mas nos testes de marca a PG Tips tem desfrutado de preferência absoluta no segmento de chá. Essa percepção de qualidade superior se traduziu no preço premium (a elasticidade do preço da PG Tips é de apenas 0,4, comparada com a da Tetley, de 1,4) e na participação preponderante da marca. O estudo propõe vários métodos para avaliar o retorno financeiro dos aproximadamente 100 milhões de libras gastos em propaganda ao longo dos 20 anos anteriores e produz estimativas de até 2 bilhões de libras em vendas adicionais resultantes da propaganda.

Propaganda em condições econômicas adversas

A mensagem clara do PIMS acerca da relação causal entre propaganda e lucratividade, aliada aos exemplos fornecidos pelo IPA Awards Data Bank, prova o valor da propaganda a longo prazo. Essa relação parece manter-se independentemente das mudanças na conjuntura econômica, mas, a despeito das evidências, muitas empresas não depositam confiança na propaganda quando as condições do mercado se tornam adversas. Com freqüência os orçamentos para propaganda são os primeiros a serem cortados quando surgem dificuldades, por isso o IPA encomendou um segundo estudo ao PIMS, examinando como as empresas se comportaram em relação à propaganda nos momentos de retração do mercado.

O PIMS examinou o desempenho da lucratividade de cerca de 183 empresas que operavam no Reino Unido e que tinham experimentado condições de mercado igualmente ruins, não só em períodos de recessão econômica em geral, mas de retração em seus próprios setores. As empresas foram agrupadas conforme seu comportamento: as que mantiveram, as que cortaram e as que aumentaram os gastos com propaganda em relação ao porte de seu mercado.

A primeira conclusão que se pode extrair dessa análise é que, quando "as coisas estão devagar", muitas empresas vão mais devagar. O exame das estratégias dessas empresas para enfrentar a recessão mostra que 110 delas resolveram cortar os gastos com propaganda, 53 decidiram mantê-los e apenas 20 optaram por aumentá-los.

Mas os resultados desses três grupos de empresas mostram que a fortuna favorece os bravos. Claro, a lucratividade da maioria das empresas sofre nas recessões, mas a análise do PIMS revela que aquelas que aumentaram o gasto com propaganda foram significativamente mais lucrativas durante a recessão do que as que cortaram ou mantiveram os gastos — quase duas vezes mais lucrativas do que as que cortaram e quase três vezes mais lucrativas do que as que mantiveram.

Quando o mercado começou a se recuperar, as empresas que mantiveram ou aumentaram os gastos com propaganda durante a recessão usufruíram uma melhoria mais rápida na lucratividade: nos primeiros dois anos da recuperação, aquelas que cortaram os gastos com propaganda durante os tempos difíceis aumentaram os lucros em apenas metade do índice daquelas que aumentaram o gasto com propaganda e apenas um sexto do índice das que mantiveram os gastos.

E, quando a recuperação começou, as empresas que aumentaram os gastos com propaganda durante o período de dificuldades ampliaram sua participação no mercado mais depressa do que aquelas que não o fizeram — quase três vezes mais depressa do que as empresas que cortaram os gastos.

Por que a propaganda funciona durante recessão

Assim, manter ou aumentar o gasto com propaganda durante os períodos de recessão parece exercer um efeito positivo sobre a lucratividade e a participação no mercado das empresas. Por que isso acontece? Qual é o mecanismo que parece fazer a propaganda funcionar, mesmo com redução da demanda?

Nós selecionamos inúmeros setores de dispêndio dos consumidores e observamos o comportamento deles, bem como o dos concorrentes, em tempos de recessão (veja Tabela 3.1).

O IPA Awards Data Bank é rico em exemplos de empresas e marcas desses setores cujo reconhecimento do valor a longo prazo da propaganda lhes permitiu resistir às pressões da recessão. Dois casos em particular se destacam

Tabela 3.1 Para enfrentar a recessão: papéis da propaganda

	O que esperamos que aconteça numa recessão?	O que a propaganda pode fazer para contrabalançar esses efeitos?
Bens de consumo durável	Adiar investimento em novos produtos. Ater-se por mais tempo aos produtos já existentes. Mudar para alternativas mais baratas	Estimular vendas fornecendo razões para comprar. Agregar valor percebido para contrabalançar o preço mais alto
Produtos de consumo	Mudar para substitutos mais baratos/de menor qualidade. Não se arriscar a comprar produtos novos	Agregar valor percebido para contrabalançar o preço mais alto. Informar persuasivamente sobre novos produtos
Compras de supérfluos	Reduzir itens supérfluos. Substituí-los por alternativas mais baratas	Estimular vendas fornecendo razões para comprar. Agregar valor percebido para contrabalançar preço mais alto
Corte no orçamento de marketing dos concorrentes	Diminuir a demanda removendo o estímulo para comprar	Estimular vendas fornecendo razões para comprar

— um em produtos premium de consumo — o do café solúvel Gold Blend, da Nestlé — e o outro em bens de consumo durável — o dos carros BMW.

O caso do Nescafé Gold Blend, de 1996, examina o desempenho da conhecida campanha "romance" ao longo de dez anos. Ao longo dessa década, o orçamento para propaganda permaneceu em grande parte inalterado, num montante de cerca de 5 milhões de libras por ano. O estudo mostra que a propaganda projetava uma imagem sofisticada, dirigida a consumidores de alto poder aquisitivo, e que passava a idéia de qualidade. Como resultado dessa grande reputação de qualidade, a Gold Blend se tornou a marca líder com uma participação no mercado de 40 por cento, o que lhe possibilitou manter seu preço premium e resistir à encarniçada atividade competitiva, principalmente por parte das maciças promoções de preço ocorridas na introdução de marcas próprias dos varejistas. Esse sucesso continuou durante a recessão do início dos anos 1990, durante um período em que seria de se esperar que muitos compradores se voltassem para as alternativas mais baratas.

O estudo mostra que, mesmo durante a recessão, as vendas do Gold Blend continuaram a crescer, seu preço premium relativo ao Nescafé permaneceu inalterado e não havia indícios de que os consumidores mudariam para produtos mais baratos. A manutenção do investimento em propaganda de aproximadamente 5 milhões de libras por ano resultou em vendas adicionais a longo prazo de 50 milhões de libras por ano, em razão do recrutamento e retenção de novos e fiéis compradores.

Historicamente o setor automobilístico tem sido duramente atingido pelos ciclos econômicos, mas inúmeros estudos de caso do IPA Data Bank mostram que a boa propaganda tem ajudado algumas marcas a resistir ou mesmo a neutralizar as pressões da recessão. O exemplo mais notável disso é, talvez, o da BMW. Um valor basilar da marca BMW é a qualidade (expressa por meio da imagem de grande desempenho, de tecnologia avançada e de exclusividade). Já faz cerca de 20 anos que esses valores têm sido comunicados com clareza e constância numa campanha publicitária restrita ao Reino Unido.

O estudo do IPA de 1994 analisa os primeiros 15 anos da campanha e mostra que a imagem de qualidade superior e a reputação da BMW possibilitaram à marca triplicar as vendas e manter os preços (o preço elevou-se mais depressa do que a média do mercado, mesmo durante a última recessão) e a exclusividade. O estudo estima, por comparação do desempenho das vendas no Reino Unido com o de outros países da Europa onde essa campanha publicitária não foi veiculada, que a força extra da marca, criada em grande parte pela propaganda, tenha gerado cerca de 3 bilhões de libras em vendas adicionais ao longo dos 15 anos, para um gasto total com propaganda de 91 milhões de libras.

Todos os exemplos citados acima corroboram o modelo PIMS de que a qualidade relativa percebida é o impulsionador mais importante do mercado de ações e, portanto, da lucratividade, mesmo se tratando de campanhas que conquistaram esses resultados sem gastar em propaganda mais do que os concorrentes. De fato, em alguns dos exemplos, mais notadamente o da PG Tips e o da BMW, a participação no volume total de propaganda veiculada foi relativamente baixa (a da BMW estava no mesmo nível da participação da Proton em 1994). Uma conclusão possível é que o conteúdo criativo — a qualidade da propaganda em si — também importa: quanto mais a propaganda se concentrar na qualidade do produto, maior será a relação custo/benefício.

Conclusão

As informações relativas ao desempenho das empresas em geral fornecidas pelo PIMS, aliadas aos estudos de caso do banco de dados do IPA referentes a marcas específicas e campanhas publicitárias específicas, constituem uma prova convincente do valor a longo prazo da propaganda para as marcas e as empresas. É claro, porém, que não nos fornecem uma fórmula simples — gaste dinheiro com propaganda e seu sucesso estará garantido. Os varejistas e as agências publicitárias devem identificar onde a propaganda se encaixa em seu próprio mix, a própria posição estratégica da marca no mercado, quais são os objetivos para o crescimento e a lucratividade e os fatores externos do mercado, a fim de entender como fazer a propaganda funcionar a longo prazo.

Referências

1. Baker, C. (org.), *The Longer and Broader Effects of Advertising*, IPA, 1990.
2. Veja também Hillier, T., "Are you profiting from marketing?", *Admap*, janeiro 1999.
3. Butterfield, L., "How advertising impacts on profitability", *ADVALUE*, Número Um, IPA, setembro 1998.
4. Feldwick, P., *Advertising Works* 6, NTC Publications Ltd, 1991.
5. Barwise, P. (org.), *Advertising in Recession*, NTC Publications Ltd, julho 1999.

Síntese da argumentação: Capítulo 4

- O valor para acionista é uma função dos fluxos de caixa futuros que provavelmente a empresa gerará.
- Os "ativos de mercado", principalmente o relacionamento que a empresa mantém com os clientes por meio de suas marcas, podem afetar significativamente esses fluxos de caixa.
- A propaganda é uma "alavanca" eficaz desses ativos de mercado.
- Três efeitos a curto prazo podem ser identificados:
  — aceleração da velocidade dos fluxos de caixa
  — ampliação do valor dos fluxos de caixa
  — redução da volatilidade dos fluxos de caixa
- Além desses, a propaganda também pode afetar os fluxos de caixa a longo prazo, o que se reflete em seu valor residual de hoje.
- Acima de tudo exerce impacto sobre o valor da marca e, em decorrência, do valor para o acionista atual.

Capítulo 4
Como a propaganda afeta o valor para os acionistas

Leslie Butterfield

Introdução

O IPA ocupa a vanguarda na tentativa de promover uma compreensão maior do valor financeiro atribuível às marcas como um indicador-chave da eficácia da propaganda. No setor publicitário, há muitos anos o foco se concentra na metade inferior da escala hierárquica mostrada na Ilustração 4.1. O esquema dos IPA Effectiveness Awards tem-se voltado, historicamente, para os efeitos a curto prazo da propaganda sobre as vendas e a participação — e não apenas sobre os efeitos sobre a marca ou mesmo sobre o valor da empresa, os quais oferecem maior dificuldade para quantificarmos.

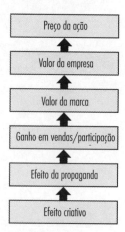

Ilustração 4.1 Hierarquia do efeito da propaganda

O IPA já se empenhou para ampliar os critérios de julgamento dos Advertising Effectiveness Awards de modo a levar em conta essa definição expandida do papel da propaganda. Sua missão agora é tentar elevar o debate na escala hierárquica mostrada aqui por meio da demonstração de que o *valor da marca* pode ser um indicador-chave da eficácia da propaganda e de que, em decorrência, oferece um novo ponto de vista para as decisões acerca das verbas orçamentárias destinadas ao marketing e à propaganda. Mesmo que seja usada apenas como instrumento interno, a avaliação da marca leva todos os setores de uma empresa a concentrar seus esforços para avaliar o valor de suas marcas, o que, por sua vez, conduz àqueles outros setores que vêem os gastos com propaganda como investimento e não como despesa.

Propaganda, ativos de mercado e fluxo de caixa

Espera-se cada vez mais que as agências assumam a responsabilidade sobre a eficácia do trabalho que presta aos clientes — eficácia em todos os sentidos, inclusive no de responder pelos aspectos financeiros. A contribuição máxima que uma agência pode fazer é a de ampliar o valor para acionistas das empresas que são suas clientes.

Embora constitua um método importante e de grande utilidade de mensurar a contribuição das marcas para o valor total de uma empresa, a avaliação da marca em si não explica *como* a propaganda contribui para o seu valor (e conseqüentemente para o valor para acionistas).

Muito do interesse por todo o tema da propaganda e do valor para os acionistas se origina nos EUA. Entretanto, dentre os vários estudos sobre o assunto, um se destaca dos demais: "Market based assets and shareholder value" (Ativos de mercado e valor para os acionistas), de Srivastava, Shervani e Fahey, apresentado no US Marketing Science Institute em 1998.

Esse trabalho fala de uma "revolução silenciosa" no modo como as atividades de marketing são vistas por alguns profissionais da área, por CEOs e por esclarecidos diretores financeiros. Em poucas palavras, o que o estudo afirma é que os varejistas cada vez mais serão instados a considerar como seu propósito primordial a contribuição para a ampliação do retorno financeiro. O que significará, por seu turno, que os clientes (e até os canais de distribuição) serão vistos como "ativos de mercado" que precisam ser conquistados, cultivados e desenvolvidos. A par disso, os varejistas terão de passar de indicadores tais como vendas, participação no mercado e margem, para avaliações baseadas na maximização do valor líquido atual de fluxos de caixa futuros... e, em decorrência, do valor para os acionistas.

A esta altura convém esclarecer dois pontos. Primeiro, por "valor líquido atual de fluxos de caixa futuros", nós nos referimos ao provável valor de *hoje* dos fluxos de rendimentos auferidos ao longo de, digamos, um período de cinco anos. Esse rendimento é descontado numa taxa que leva em consideração o grau de incerteza que lhe é inerente.

Segundo ponto: dos "ativos de mercado" a que o autor se refere, o mais significativo para nós são os chamados "ativos relacionais" — que consistem principalmente nas relações entre uma empresa e seus clientes. Para citar: "O *brand equity*, valor líquido da marca, reflete os elos entre a empresa e seus clientes e pode ser o resultado de extensa propaganda e superior funcionalidade do produto".

Então, como os ativos de mercado afetam especificamente o valor para os acionistas da empresa? Na sua forma mais simples, o valor de mercado de uma empresa corresponde ao valor líquido atual dos fluxos de caixa futuros que se espera que a empresa aufira. A importância dessa perspectiva é sublinhada pelo fato de que um grande percentual do valor da empresa se baseia em potencial de crescimento percebido e riscos associados. Esse valor se baseia nas *expectativas* de desempenho futuro.

Como o valor para os acionistas é composto em grande parte do valor líquido atual dos fluxos de caixa futuros durante um período definido, o valor de qualquer estratégia é essencialmente impulsionado por:

1 Aceleração da velocidade com que os fluxos de caixa são gerados (quanto mais cedo forem gerados os fluxos de caixa, melhor, porque o risco e os ajustes do tempo reduzem o valor dos fluxos de caixa gerados mais tarde).
2 Um aumento do nível dos fluxos de caixa gerados por meio de seus vários componentes (por exemplo, receita bruta mais alta e custos mais baixos, capital de giro e investimentos fixos).
3 Uma redução dos riscos associados a fluxos de caixa futuros (por exemplo, pela redução tanto da volatilidade quanto da vulnerabilidade dos fluxos de caixa futuros) e portanto, indiretamente, do custo do capital da empresa.

Agora, se tomarmos cada um desses fatores que impulsionam o valor para os acionistas, poderemos examinar como a atividade de marketing e de propaganda pode afetar e ampliar cada um deles:

1 *Aceleração do fluxo de caixa*: Os autores citam as provas fornecidas por inúmeros estudos publicados, que demonstram que a alavancagem dos ativos de mercado (por meio da propaganda, por exemplo) pode acelerar os fluxos de caixa porque amplia a capacidade de reação do mercado à atividade de mar-

keting, por exemplo acelerando os índices de experimentação, adoção e referência aos produtos novos ou da próxima geração ou a extensões da marca da mesma empresa (veja Ilustração 4.2).

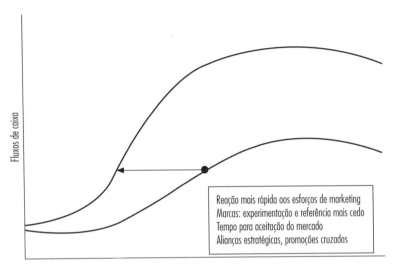

Ilustração 4.2 Aceleração dos fluxos de caixa

2 *Aumento ou ampliação dos fluxos de caixa*: Os autores aqui citam exemplos de fluxos de caixa ampliados em razão de:
   (a) Marcas estabelecidas capazes de comandar um preço premium
   (b) Maior retenção de clientes e, portanto, custos menores do "recrutamento" de novos clientes
   (c) maior capacidade de reação dos clientes fiéis à propaganda e às promoções (portanto, menores custos marginais de vendas e marketing)
   (d) maior percepção das extensões da marca (veja Ilustração 4.3)
3 *Atuação sobre a volatilidade dos fluxos de caixa*: A volatilidade (e vulnerabilidade) dos fluxos de caixa é reduzida quando se aumentam a satisfação, a fidelidade e a retenção do cliente. É importante salientar que o valor líquido atual de um fluxo de caixa menos volátil é maior do que o de um fluxo mais errático — mais uma vez contribuindo diretamente para o valor para os acionistas (veja Ilustração 4.4).

O fato é que a propaganda afeta a qualidade da relação de uma marca com os seus clientes, o que, por sua vez, como se pode demonstrar, afeta o fluxo de caixa, que exerce impacto direto sobre o valor para os acionistas.

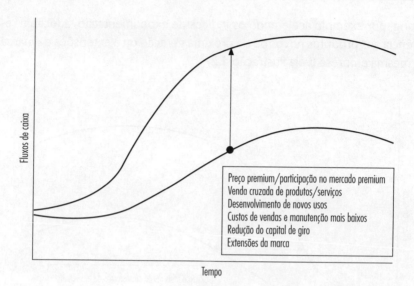

Ilustração 4.3 Ampliação dos fluxos de caixa

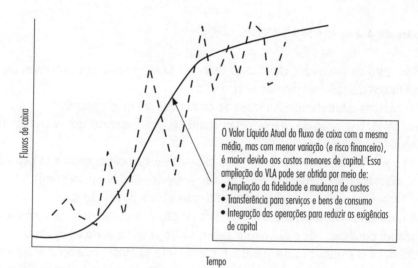

Ilustração 4.4 Redução da volatilidade dos fluxos de caixa

A propaganda e o valor residual dos fluxos de caixa

Valor residual é o valor atual de uma empresa atribuído aos fluxos de caixa que têm probabilidade de se acumularem *depois* do horizonte normal de previsão (geralmente 5 anos). Costuma-se mostrar esse valor como uma "anuidade" acrescentada ao cálculo do valor da marca para um período de 5 anos. Novamente, porém, assim como ocorre com um horizonte de 5 anos, o valor residual reflete expectativas de fluxos de caixa futuros — e esses, para uma marca com uma expectativa de vida que pode estender-se por décadas, serão evidentemente significativos.

A resultante "anuidade", portanto, causará um percentual significativo do valor líquido *corrente* da empresa — e portanto do valor corrente para os acionistas.

Para citar novamente o trabalho de Srivastava:

> **Alguns dos fatores que contribuem para a ampliação dos fluxos de caixa e redução da volatilidade e da vulnerabilidade também geram valores residuais elevados. Quanto maior a base de clientes, por exemplo, e quanto maior a qualidade dessa base (conforme mensurado pela intensidade do uso, disposição de pagar um preço premium, custos das vendas e dos serviços mais baixos etc.), quanto maior a fidelidade (e, portanto, menor o risco de vulnerabilidade), maior será o valor residual.**
>
> **Essa compreensão é importante porque, para criar valor para os acionistas, nós não apenas temos de fazer crescer a base de clientes (meta que está intimamente ligada às vendas tradicionais e ao tradicional foco do marketing na receita), mas temos de redefini-la (isto é, eliminar clientes menos rentáveis).**
>
> **É importante reconhecer que, a longo prazo, a fidelidade continuada do cliente resulta em empresas mais estáveis e, portanto, em menor custo de capital. Isso amplia ainda mais o valor residual das empresas.**

Os varejistas e agências verão de imediato que as marcas fortes são fundamentais para a cadeia de eventos descrita acima. Igualmente claro é que a propaganda pode afetar diretamente a força da marca em questão e exercer impacto direto sobre o tamanho, a fidelidade e a qualidade da base de clientes.

Assim como no caso dos efeitos a curto prazo, esta análise sugere que a propaganda tem um papel crucial a desempenhar na ampliação a longo prazo dos fluxos de caixa. Como é levada em consideração no cálculo do valor da marca, essa ampliação futura indiscutivelmente exerce efeito sobre o valor para os acionistas no momento presente.

Propaganda, promoção de preço e fluxos de caixa

Num estudo posterior, apresentado na conferência MAX em Nova York, Srivastava aprofundou a discussão, comparando os efeitos diferenciais da propaganda e das promoções de preços sobre os fluxos de caixa.

Embora reconhecendo o impacto a curto prazo dessas últimas, ele salienta que as promoções de preços podem, contudo, erodir os fluxos de caixa a longo prazo, por produzirem um círculo vicioso (veja Ilustração 4.5).

"O modo de romper esse círculo", afirma Srivastava, "é construir marcas que envolvam diferenciação e, assim, propaganda." As marcas não apenas mantêm preços premium mais elevados, mas também conquistam fidelidade — o que é valioso tanto para facilitar os fluxos de caixa quanto para reduzir os percentuais de deserção. Com os custos para o recrutamento de clientes atualmente chegando a cinco vezes os custos de retenção, os percentuais baixos de deserção se traduzem diretamente em valores líquidos atuais mais altos e um menor custo de capital.

Conclusão

O cálculo do valor da marca aponta o caminho a se seguir em termos de quantificação da contribuição da propaganda para o valor da empresa. Mas é por meio da análise e da compreensão do efeito da propaganda nos fluxos de caixa que podemos entender melhor *como* a propaganda exerce esse efeito.

Ilustração 4.5 Efeitos das promoções de preço

Algumas provas recentes vindas dos EUA jogam luz sobre o valor comercial dos "ativos de mercado". A propaganda pode alavancar diretamente esses ativos, afetando os fluxos de caixa a curto e a longo prazos e, em decorrência, o valor final da empresa.

Os ativos de mercado, principalmente os "ativos relacionais" como marcas e relações com clientes e canais de distribuição, ainda não figuram em muitos balanços. Mas seu valor pode ser calculado, é possível comprá-los e vendê-los, alavancá-los e utilizá-los exatamente como fazemos com os ativos físicos.

E o que é mais: são ativos que freqüentemente mais se valorizam do que depreciam, ao contrário de muitos tangíveis!

A propaganda tem um papel vital a desempenhar na estimulação desses ativos, em fazer seu valor crescer e em decorrência criar valor para os acionistas.

PARTE B

Efeitos sobre o Desempenho da Empresa

Síntese da argumentação: Capítulo 5

A propaganda pode exercer três tipos de efeito, a saber: de *curto prazo* (efeito sobre as vendas num prazo de uma semana de exposição); de *médio prazo* (efeito sobre as vendas ao longo de um ano); e de *longo prazo* (efeito sobre uma marca num período superior a um ano e futuro adentro). É extremamente importante, para os anunciantes, avaliar o desempenho de suas campanhas e investir apenas nas produtivas. Quanto mais longo o período de observação dos resultados das campanhas, mais difícil se torna a mensuração. Contudo, o setor publicitário está desenvolvendo rapidamente seus instrumentos de avaliação e a situação nos anos futuros será provavelmente de avanço em relação à de hoje.

CAPÍTULO 5
Como a propaganda impulsiona as vendas e o lucro

John Philip Jones

Introdução

A propaganda constitui uma atividade de importância primordial para a maioria das empresas de marketing, por duas boas razões. A primeira e óbvia é que a propaganda tem a faculdade de contribuir em alto grau para as vendas a curto prazo e para a saúde, a longo prazo, das marcas dos fabricantes.

A segunda razão é mais sutil e particularmente relevante para os anunciantes que estão pensando em aumentar seus investimentos. O montante de dinheiro que os anunciantes gastam em suas campanhas muitas vezes difere pouco do lucro que suas marcas auferem, *e ambas as quantias são residuais*. Por exemplo, o segundo principal anunciante nos EUA, a Procter and Gamble (P&G), em 1998 gastou 2,6 bilhões de dólares em propaganda em mídia mensurada e não mensurada e a empresa auferiu 2,7 bilhões de lucro. Um aumento de 10% da verba orçamentária da P&G para propaganda reduziria o lucro quase no mesmo percentual. É óbvio, portanto, que qualquer gasto extra com propaganda deve elevar as vendas e o lucro num grau saudável, caso contrário seria um transtorno para a empresa, ou seja, significaria um custo maior do que o benefício.

Um dos sérios problemas da propaganda é que é difícil mensurar as vendas e o lucro que ela gera. Muitos empresários, empresas varejistas e agências estão aprendendo com a experiência que a propaganda pode melhorar a posição de muitas marcas e que seria realmente difícil imaginar a PG Tips, a Kellogg's Corn Flakes, a Persil, a American Express, a Ford e a Orange — além de muitas outras marcas — ocupando o lugar que ocupam hoje sem uma propaganda bem-sucedida no passado e no presente. Mas quantificar com precisão a contribuição da propaganda para essas e outras marcas importantes é uma outra questão completamente diferente.

Não é difícil acompanhar de maneira contínua a percepção das pessoas em relação às marcas e aos atributos racionais e não racionais que elas associam às marcas: indicadores psicológicos, mais do que comportamentais. Contudo, os indicadores psicológicos são demasiado "abstratos" e indiretos para fornecer uma base firme para avaliarmos e por fim justificarmos o custo financeiro da propaganda. Para essa tarefa nós precisamos de indicadores "concretos" relativos aos hábitos de compra do consumidor.

Entretanto, existem alguns aspectos acerca de mensuração que nós conhecemos com convicção e outros dos quais temos algumas impressões. O estágio do nosso conhecimento está avançando muito depressa e é preciso lembrar sempre à comunidade publicitária britânica a importância da contribuição, para a nossa compreensão, prestada nas últimas duas décadas pelo repertório formidável de estudos de caso do IPA — *Advertising Effectiveness*. Em nenhum outro país do mundo existe algo que se lhes compare em variedade e qualidade.

Outro aspecto de que temos convicção é que a propaganda tem a faculdade de exercer três tipos de efeito — o que não significa que esses três efeitos sejam sempre alcançados.

• *Curto prazo*: a influência da propaganda nas vendas de uma marca num prazo de sete dias de exposição.
• *Médio prazo*: a acumulação dos efeitos de curto prazo ao longo de um ano.
• *Longo prazo*: uma série progressiva de eventos que podem ocorrer ao longo de anos, os quais são representados pelo enriquecimento da marca em si e pelo fortalecimento do hábito de compra do consumidor.

A nossa capacidade de mensurar esses três efeitos difere de um para outro. O efeito de longo prazo é de longe o mais difícil de se apreender. Mas novamente temos bons indícios para chegarmos a uma conclusão. O efeito de curto prazo é uma precondição para o efeito de médio prazo e este é precondição para o efeito de longo prazo. Isso parece senso comum, mas devemos lembrar que por muitos anos inúmeros anunciantes e agências publicitárias acreditaram no mito de que a campanha pode desenrolar-se sem exercer qualquer efeito aparente e depois finalmente produzir uma explosão. Essa hipótese da "bomba-relógio" foi responsável por um desperdício espetacular resultante da exposição contínua de propaganda ineficaz — resultado apoiado apenas por um otimismo cego.

Efeito de curto prazo

O efeito de curto prazo da propaganda — de resposta direta — é bem conhecido pelos profissionais da área desde que se começou, há no mínimo um século, a praticar com sucesso esse tipo de propaganda. Mas o efeito de curto prazo não é exclusividade da propaganda, que é explicitamente planejada para funcionar diretamente.

Uma técnica cara, chamada Pesquisa de Fonte Única (*Pure Single Source*), possibilita mensurar a influência a curto prazo da propaganda nas vendas das marcas de produtos de consumo (pc). Esse é um método que compara as compras de uma marca entre casas que, nos sete dias anteriores, receberam propaganda do produto e as compras de casas que não receberam a propaganda. A variação usual desses efeitos é mostrada na Tabela 5.1.

Em cada um dos três países analisados, uma amostra substancial de marcas foi avaliada e suas campanhas foram classificadas em ordem decrescente com relação ao efeito e divididas em grupos de dez por cento (decil). O efeito médio nas vendas é indexado em 100 (equivalente a nenhum efeito). Assim, no decil mais alto do Reino Unido, a marca média atingiu uma melhoria das vendas a curto prazo de 84 por cento; no decil mais baixo, a marca média perdeu 27 por cento das vendas. As reduções, nesse decil mais baixo, de 30 por cento das campanhas (praticamente o mesmo quadro nos Estados Unidos, no Reino Unido e na Alemanha) são causadas pelas marcas com campanhas que não eram fortes o suficiente para protegê-las contra a propaganda mais eficaz dos concorrentes — e os consumidores, em decorrência, escolheram as marcas alternativas.

Observe-se que, em todos esses países, cerca de metade de toda a propaganda veiculada exerce um pronunciado efeito de curto prazo. O palpite bem fundamentado de William Hesketh Lever e John Wanamaker, um século atrás,

Tabela 5.1 Variação dos efeitos de curto prazo (STAS - Short-Term Advertising Strenght, método que mede o efeito imediato da propaganda sobre as vendas) em três países

Decil	Estados Unidos	Reino Unido	Alemanha
Mais alto	236	184	154
Nono	164	129	127
Oitavo	139	119	116
Sétimo	121	114	108
Sexto	116	110	106
Quinto	108	107	101
Quarto	103	102	100
Terceiro	97	98	98
Segundo	89	93	92
Mais baixo	73	73	83

de que 50 por cento de sua propaganda eram eficazes estava absolutamente correto. Mas nós fizemos um avanço importante em nosso conhecimento. Se, para esses dois antigos especialistas, era impossível identificar esses 50 por cento bem-sucedidos, para nós hoje isso é possível.

A pesquisa de fonte única mostrou de maneira conclusiva que se verificou um substancial efeito de curto prazo sobre as vendas às famílias expostas a uma única propaganda — o que de fato sugere que é a qualidade criativa da campanha que impulsiona o efeito de curto prazo e não os fatores financeiros de orçamento e mídia.

Efeito de médio prazo

O final do ano é normalmente um momento de se fazer uma reavaliação da marca, processo que inclui a revisão da propaganda, que é normalmente realizada de forma tosca: se as vendas estão crescendo, luz verde; se estiverem estagnadas ou diminuindo, luz vermelha.

O que as vendas de fim de ano representam, no que diz respeito à propaganda ao consumidor, é a acumulação líquida dos efeitos de curto prazo. Por "líquida" eu me refiro aos efeitos repetidos de curto prazo das campanhas da nossa marca, menos os efeitos repetidos de curto prazo das campanhas das outras marcas. Esse último em geral funciona com muito maior força quando a nossa marca está fora do ar: quando está vulnerável.

O efeito de médio prazo da propaganda de uma marca constitui o resultado da qualidade criativa da campanha *mais a verba destinada e a estratégia de mídia*, em particular o grau em que a verba orçamentária e a estratégia de mídia reduzem o número de semanas em que a marca não é exposta na mídia.

Como o efeito de médio prazo da propaganda é contrabalançado pela influência da propaganda dos concorrentes, o efeito é invariavelmente menor do que o de curto prazo. Uma marca com uma campanha bem-sucedida, que aumente a curto prazo as vendas em 50 por cento, teria sorte em encerrar o ano com 10 por cento. E devemos ter cuidado para isolar o quanto desses 10 por cento se deve à propaganda e o quanto se deve a outros estímulos.

O esquema mais empregado para fazer essa estimativa é a análise de regressão, que pode efetuar dois cálculos de grande importância operacional:

1 Decompor as vendas de uma marca durante um ano (ou qualquer outro período) e classificar os elementos que contribuíram para essas vendas. A contribuição da propaganda raramente é superior a 10 por cento. As promoções de venda seriam a causa de outros 10 por cento. Os restantes 80 por cento

(mais) estão descritos na "base" da marca ou volume do "patrimônio" — a quantidade de vendas que seriam feitas sem nenhuma propaganda ou promoção de vendas.

2 Calcular a elasticidade da propaganda, que mensura o efeito das variações (para mais ou para menos) dos gastos da marca com propaganda sobre as vendas. O número real é calculado como a mudança percentual nas vendas de uma marca resultantes de uma mudança de 1 por cento no gasto com propaganda. Numa grande amostra de marcas existe normalmente uma relação aproximada de 5:1, ou seja, pode-se esperar que um incremento de 5 por cento em propaganda aumente as vendas em 1 por cento em média.

Efeitos de longo prazo

Como já mencionado, os efeitos (no plural) de longo prazo são os mais difíceis de serem mensurados, porque estão entranhados na própria marca e é extremamente complicado isolar a influência atribuível à propaganda apenas. Uma maneira que ajuda bastante a examinar o problema é perguntar quanto da "base" da marca ou do "patrimônio" do volume de vendas realmente representa o resultado cumulativo da propaganda anterior.

Não é difícil encontrar critérios para comparar uma marca forte com uma fraca. Aqui estão seis (não necessariamente os únicos). Mas, em cada caso, devemos ter sempre em mente o problema de isolar a contribuição específica da propaganda.

1 As marcas fortes em geral (embora não invariavelmente) têm uma participação no mercado maior do que as fracas.
2 As marcas fortes em geral determinam um preço para o cliente maior do que o das fracas; as promoções de venda são um impulsionador de vendas menos importante para as marcas fortes.
3 As marcas fortes tendem a usufruir uma freqüência de compra acima da média e as fracas, abaixo da média. Esse é um indicador técnico da fidelidade do cliente.
4 Em razão do poder endêmico das marcas fortes (expresso pelo nível acima da média da "base" ou "patrimônio" das vendas), os clientes respondem à sua propaganda muito mais positivamente do que reagem à propaganda das marcas fracas. As marcas fortes podem fazer relativamente menos propaganda do que as fracas e atingir os mesmos efeitos. Eu cunhei o termo "Bônus de Intensidade da Propaganda" (BIA) para descrever esse efeito.

5 A elasticidade da propaganda das marcas fortes é provavelmente mais alta do que a das fracas. Isso significa que a propaganda funciona bem mais se for construída sobre a força endêmica da marca.

6 Existe também um fator relativo à elasticidade do preço da demanda: a resposta mensurada das vendas ao aumento ou decréscimo do preço ao consumidor. A elasticidade do preço é a expressão precisa de quão facilmente os consumidores substituem uma marca por outra se o preço da primeira subir. A elasticidade do preço das marcas fortes é provavelmente menor do que a das marcas fracas, porque os consumidores estarão *menos* dispostos a substituí-las se seu preço se elevar.

No momento, não podemos isolar categoricamente a influência da propaganda na maioria desses critérios, com exceção do quarto, em que já se desenvolveu um indicador. Com relação a outros critérios, um trabalho inicial a esse respeito resultou no livro *The ultimate secrets of advertising*, publicado em 2002.

Conclusão: para preenchermos a lacuna no nosso conhecimento

Se e quando conseguirmos mensurar com precisão a contribuição total da propaganda para o valor das vendas da marca, os anunciantes inevitavelmente desejarão comparar essa contribuição (a) com o custo real (b) da propaganda.

Prima facie, a maioria dos exemplos produzidos até o momento não teve sucesso em demonstrar que (a) é maior do que (b). Será que isso representa uma acusação à propaganda como empreendimento comercial? Esse não é necessariamente o caso, por duas razões.

A primeira é que uma marca produz, em qualquer ano, um volume de vendas que não difere do volume do ano anterior e também do ano anterior àquele. A estrutura de custos de uma marca se baseia num nível de vendas amplamente definido: um nível em que as economias de escala (na compra de matéria-prima, na fabricação e na comercialização) desempenham um papel muito importante. Essas economias implicam que o custo unitário é geralmente um bocado menor do que num volume menor de vendas. Pode-se, portanto, argumentar incisivamente que a propaganda anterior e a atual, *por meramente manter um volume elevado de vendas*, contribui para a lucratividade de uma marca, por sua capacidade de manter os custos de fabricação num patamar baixo.

O segundo ponto é que o efeito de longo prazo da propaganda — quando e na medida em que temos condições de mensurá-lo — pode ser legitimamente acrescentado ao efeito de médio prazo (que, de qualquer modo, nós costumamos avaliar).

Uma lacuna, contudo, continua a existir entre o efeito de médio prazo que *podemos* quantificar e o efeito de longo prazo adicional, que existe, mas que no momento não podemos avaliar acuradamente. Mas estou otimista sobre os instrumentos que estão em desenvolvimento e que nos ajudarão a preencher essa lacuna.

Síntese da argumentação: Capítulo 6

O IPA Advertising Effectiveness Data Bank demonstra significativos benefícios quantificáveis da propaganda na complexa arena da venda de serviços financeiros face a face, onde se cultiva a máxima de que os produtos são vendidos e não comprados. As descobertas do Data Bank mostram que essa máxima não é verdadeira ao identificarem e quantificarem os seguintes efeitos múltiplos da propaganda de serviços financeiros:

- Aumenta a consideração da marca
- Eleva os percentuais de resposta direta
- Amplia o índice de sucesso ao conquistar entrevistas de vendas e a manutenção, por parte dos clientes em potencial, das entrevistas de venda já marcadas
- Aumenta os índices gerais de conversão de clientes em potencial para clientes de fato ao longo de um extenso processo de vendas
- Estimula os clientes a darem boas referências acerca da marca
- Reduz a deserção
- Provoca a repetição da compra — seja por vendas múltiplas ou reinvestimento na data de vencimento
- Motiva e eleva a produtividade da força de vendas

É importante examinar esses efeitos individualmente ao se elaborar um estudo de caso na área de propaganda, porque cada efeito pode ter implicações próprias tanto em termos de custo quanto de benefício para a empresa. De maneira geral, o IPA Data Bank relata alguns retornos bastante saudáveis do investimento na categoria de serviços financeiros, retornos esses que podem incentivar os anunciantes hesitantes. Os dados existentes nos 700 estudos de caso do IPA Data Bank conduzem a um padrão semelhante na maioria das categorias.

Capítulo 6
O impacto da propaganda sobre o processo de vendas

Peter Field

Introdução

Cada vez mais se solicita às agências publicitárias que ajudem seus clientes de marketing a justificar os orçamentos de propaganda propostos para a gerência-geral. Esse é um pedido bastante difícil de atender no caso relativamente simples dos produtos de consumo. Mas e onde existe uma complexa cadeia de vendas envolvendo agentes de venda, referências boca a boca, ciclos longos de repetição de compra e assim por diante? Uma gerência geral cética já poderia ter problemas em reconhecer um valioso efeito direto sobre os consumidores, que dizer então dos inúmeros efeitos múltiplos que é essencial considerar num processo complexo de vendas. Em especial, como justificar o investimento numa situação em que a sabedoria convencional sugere que os produtos são *vendidos, não comprados*"? Certamente fica tudo por conta da habilidade e persistência do pessoal de vendas. Uma coisa é dizer que a propaganda "põe óleo nas rodas" do processo de vendas e outra é provar que isso acontece ou quantificar a extensão do benefício.

O presente capítulo relata a tentativa de uma instituição financeira, valendo-se do IPA Data Bank, de justificar o investimento em propaganda perante a sua diretoria. Neste relato, examinamos inúmeras formas pelas quais a propaganda afetaria o desempenho das vendas da empresa, fundamentadas com as respectivas provas. Eventuais diferenças dessa justificação em relação a outras se devem ao fato de que para alguns indicadores é possível usar o banco de dados *quantitativamente*, examinando os efeitos médios em muitos estudos de caso. Neste relato, procuramos fugir da idéia habitual de que cada caso individual constitui um caso especial para, dessa forma, fornecer uma justificação de caráter geral e, o que é mais importante, possibilitar uma previsão mais rigorosa da dimensão real dos efeitos. A análise é necessariamente aproximada: seria enganoso tentar definir com tanta precisão uma média, uma vez que as circunstâncias de qualquer campanha ou empresa nunca são como a média. O resultado é um conjunto estimado de efeitos, cada um dos quais avaliado em relação ao resultado líquido da empresa. A análise, portanto, pode ser usada em dois níveis: o mais simples, que é demonstrar que a propaganda pode proporcionar múltiplos benefícios para um processo complexo de vendas e o mais sutil, que é prever a resposta das vendas e as demandas organizacionais resultantes da propaganda.

Existem, eu sei, muitas pessoas na área publicitária que ficarão bastante nervosas com a perspectiva de prever os resultados da propaganda. Ninguém quer procurar sarna para se coçar. Mas a alternativa talvez fosse permitir que alguém do departamento financeiro do cliente estabelecesse expectativas nada realistas em relação ao marketing, sobre as quais a agência não teria qualquer influência. Ou, mais provavelmente, que se cortasse a verba da propaganda em favor de investimentos mais previsíveis. O tipo de análise proposto aqui constitui uma opção melhor.

Dos cerca de 60 estudos sobre empresas do setor de serviços financeiros existentes no Data Bank, aproximadamente 25 foram selecionados para essa análise porque examinavam tipos relevantes de efeitos em situações relevantes. Seria possível repetir essa análise em outros mercados, embora algumas das observações feitas aqui sejam amplamente aplicáveis.

O modelo de vendas

O modelo de vendas a que essa análise foi aplicada está descrito na Ilustração 6.1. Trata-se de um modelo de vendas de serviços financeiros perfeitamente padronizados, em que se envolve tanto a força de vendas diretas quanto esforço de marketing direto. Sem a propaganda, os clientes entram na cadeia de vendas seja quando contatados por um vendedor ou quando respondem a MD. A lei requer duas visitas de venda e existem oportunidades para a venda de múltiplos produtos bem como para a venda de reinvestimentos quando um produto amadurece. Com os produtos de longo prazo, existe o sempre presente perigo de deserção durante esse tempo, bem como a oportunidade de ganhar boas referências dos clientes satisfeitos. Trata-se de um processo longo e complexo de vendas, quando visto sob a perspectiva do lucro estimado que um cliente pode gerar ao longo da sua vida (*lifetime value*). O desafio está não em desenvolver o modelo (que é um passo essencial do processo), mas em obter os dados que definem o trabalho atual da empresa: quantas entrevistas de ven-

EFEITOS SOBRE O DESEMPENHO DA EMPRESA

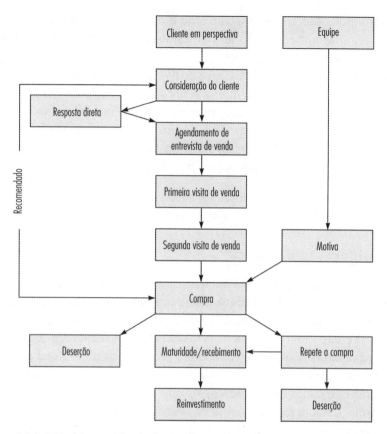

Ilustração 6.1 Modelo simplificado de vendas de uma instituição financeira de venda direta

da são agendadas, quantas são efetivadas, quantas são bem-sucedidas etc. Cada passo afeta os cálculos de retorno — a duplicação do número de entrevistas agendadas, por exemplo, implicará a contratação de novos vendedores, o que não ocorre com a duplicação do índice de sucesso.

O IPA Data Bank demonstra que existem oito áreas desse modelo de vendas que se beneficiam com a propaganda da marca:

- Consideração
- Índices de resposta direta
- Agendamento de entrevista e índices de efetivação
- Compra (conversão de consideração em compra)
- Referência (recomendação)
- Índices de deserção
- Repetição da compra/reinvestimento na maturidade
- Motivação e produtividade da força de venda

Nem todos são afetados igualmente e o efeito significativo de cerca de 10% de melhoria numa área não será o mesmo em outra área. Deve-se, portanto, considerar cada um isoladamente.

Os estudos de serviços financeiros do IPA Data Bank foram cuidadosamente escolhidos entre os casos em que se verificaram esses efeitos. Na prática, claro, a vida não é tão simples, porque em muitos desses casos os efeitos não foram decompostos em categorias organizadas (com freqüência era mais fácil, para os autores, examinar os efeitos gerais). Então, foi necessário um árduo trabalho de dedução para se desenvolver o modelo dos efeitos da propaganda.

Os resultados obtidos do Data Bank

1. Consideração da marca

O efeito da propaganda na consideração da marca é incontestável e é amplamente examinado no IPA Data Bank. Isso ocorre em virtude de uma percepção maior, por um conhecimento maior ou por sentimentos mais fortes em relação à marca. O efeito dentro dos serviços financeiros é talvez menos amplamente aceito, mas a tarefa aqui não é provar que a propaganda pode afetar a consideração da marca, mas sim fornecer uma base para prever *em que medida* o faz. Claramente os estudos de caso abrangem uma grande amplitude de gastos com propaganda, embora na maior parte das vezes focalize uma faixa entre 2 e 10 milhões de libras. Deve-se dar alguma atenção a isso na hora de calcular os resultados esperados de um nível estabelecido de gasto. Os estudos de caso também cobrem um grande leque de marcas, desde as relativamente desconhecidas até as mais conhecidas (e, em alguns casos, conhecidas em alguns mercados, embora não em outros). Novamente é preciso dar atenção a esse aspecto ao aplicar os resultados a uma determinada marca. O efeito médio calculado nessa análise tem a vantagem da simplicidade, mas faz uma pressuposição grosseira que não tem justificativa teórica. Contudo, como os acadêmicos discordam sobre suposições menos grosseiras, essa parece legitimada. Calcula-se uma média linear dos efeitos (quando há abundância de dados) e toma-se uma média linear das despesas (equivalentes nacionais). É evidente que, se gastar o dobro, você não obterá necessariamente um retorno duas vezes maior. Você pode conseguir menos em algumas circunstâncias e mais em outras, mas é razoável que um modelo simples faça essa pressuposição linear. A Tabela 6.1 demonstra a variação de gastos e os efeitos sobre a consideração da marca a eles associados. (NB: são relatados os níveis de consideração de algumas marcas de determinados segmentos.)

EFEITOS SOBRE O DESEMPENHO DA EMPRESA

Tabela 6.1 Mudanças na consideração da marca e gasto com propaganda associado

Caso	Gasto (m£)	Mudança na consideração % a %
Frizzell	6	22–45
		17–38
C&G	8	7–11
Co-op	1,8	22–33
TSB	3,2	13–22
A&L	22	12–24
		7–15
Direct Line	1,3	10–20
Scot Am	3	3–7
Swinton	2	25–36
TSB	1,7	25–36
		30–47
		34–47
		36–44
		7–14
		10–18
Média	**5,4**	**17–27 (+60%)**

2. Índices de resposta direta

O efeito da propaganda da marca sobre os percentuais de resposta direta para mala direta e propaganda não impressa tem sido amplamente estudado no Data Bank. O efeito vai além de uma consideração maior da marca — aumenta a probabilidade de o consumidor perceber e estudar a peça de MD e de ser persuadido a responder a ela. Os exemplos de serviços financeiros são mostrados na Tabela 6.2.

Tabela 6.2 Mudanças nos índices de resposta direta e gasto com propaganda associado

Caso	Gasto (m£)	Índice de resposta direta (± %)
Frizzell	6	+78%
Direct Line	1,3	+40%
Mortgage Corp	1,2	+100%

3. Reuniões face a face

O impacto da propaganda sobre os índices de sucesso em assegurar entrevistas de vendas é uma área não muito documentada do Data Bank. Contudo, houve um estudo que examinou esse aspecto e que nos fornece ao menos alguma base para justificação (Tabela 6.3).

Dado o nível de suspeita do consumidor e o medo que cerca a venda de serviços financeiros, a propaganda desempenha um poderoso papel em garan-

Tabela 6.3 Mudanças no volume de entrevistas de venda marcadas e gasto com propaganda associado

Caso	Gasto (m£)	Vendas (± %)
A&L	3	+100%

tir ao cliente que a empresa goza de boa reputação e não oferece risco a ninguém. Até certo ponto isso se aplica a toda a venda face a face.

Como mensura o aumento do número de entrevistas com compradores relutantes, esse dado inclui o efeito sobre a consideração da marca e deve, portanto, ser decomposto na hora de elaborar o modelo de efeitos.

4. Compra

O efeito geral da propaganda da marca sobre o aumento das compras do cliente em perspectiva está amplamente documentado e muitos estudos de casos de serviços financeiros estavam disponíveis para análise (Tabela 6.4).

Tabela 6.4 Mudanças na compra dos clientes em perspectiva e gasto com propaganda associado

Caso	Gasto (m£)	Compra (± %)
C&G	8	+104%
Co-op	1,8	+49%
Halifax	1,5	+30%
Visa		+9%
TSB	3,2	+82%
A&L	22	+120%
	3	+30%
	2,6	+10%
Barclaycard	8	+5%
Swinton	2	+8%
TSB	1,7	+52%
	3,2	+40%
Allied Dunbar	10,4	+2%
Média	**5,4**	**41%**

Existem muitos modos pelos quais a propaganda ajuda a fazer o cliente avançar da consideração para a compra num processo complexo de vendas. Em particular, com vendas altamente regulamentadas que podem demandar semanas para serem efetivadas, a garantia emocional que a propaganda proporciona pode ser útil para manter o cliente "nos trilhos".

Mais uma vez, esse dado mensura o aumento da compra dentro do universo de compradores relutantes e por meio de inúmeros métodos de compra, por isso cobre, no nosso modelo, diversos passos (Ilustração 6.2) que podem

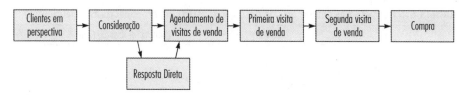

Ilustração 6.2 Etapas das vendas desde a perspectiva de conquistar o cliente até a sua primeira compra

ser decompostos na elaboração do modelo final dos efeitos. Claramente são feitas aqui algumas pressuposições grosseiras e superficiais na hora de se compararem os efeitos gerais dos diferentes tipos de instituição financeira, mas existe um limite, mesmo dispondo de uma base de dados do porte do IPA Data Bank, quanto à precisão com que se podem escolher os pontos de referência.

5. Referências

Tem-se observado uma elevação dos índices de recomendação ou referência em inúmeros estudos de caso, mas parece que não se fez nenhuma quantificação acurada. Então, para os propósitos deste modelo, parte-se do pressuposto de que o índice de recomendação se eleva na mesma proporção que a propensão de se encontrar um vendedor. Isso não é tão arbitrário como pode parecer: cada um desses fatores constitui um indicador da disposição de marcar a primeira entrevista. A propaganda pode atingir esse objetivo de duas formas: fortalecendo parcialmente os sentimentos do cliente em relação à empresa e, em decorrência, a percepção do bom atendimento que lhe foi prestado; e, ao ampliar a "fama" da empresa, elevando a confiança do cliente em pedir a um amigo para receber um representante dela.

6. Deserção

O efeito da propaganda sobre os índices de "deserção" tem sido examinado por alguns estudos de serviços financeiros (Tabela 6.5). Novamente nos debruçamos aqui sobre setores algo diferentes, mas que mesmo assim nos fornecem uma útil avaliação quantificada do potencial de crescimento da fidelidade do cliente.

Os meios pelos quais a propaganda sustenta a fidelidade consistem, assim como ocorreu com as referências, em fortalecer os sentimentos do cliente em relação à empresa. É maior a probabilidade de se perdoarem enganos ou abor-

Tabela 6.5 Redução dos percentuais de deserção e gasto com propaganda associado

Caso	Gasto (m£)	Percentual de deserção (±%)
Co-op	1,8	−30%
Barclaycard	40	−10%

recimentos e de se aplaudirem os sucessos. Isso é especialmente importante com produtos de longo prazo, em que pode haver muitas tentações de mudar de marca.

7. Repetição da compra

A repetição da compra é outra área em que os aumentos no setor de serviços financeiros são relatados, mas não quantificados. Assim, parte-se do pressuposto de que o item repetição da compra experimenta a mesma melhoria observada no caso da deserção. Essa parece uma suposição razoável, já que se trata de lados essencialmente opostos da mesma moeda: o compromisso com a marca.

Essa é uma área negocial importante para as empresas desse setor, que procedem a uma revisão periódica de seus clientes e que, dessa maneira, podem ver uma oportunidade para tornar a vender para eles.

8. Motivação da força de vendas

Desde que esta análise foi concluída, o efeito da propaganda na produtividade da força de vendas em outros setores foi verificada por inúmeros estudos de 1998 (Christian Aid e Littlewoods, por exemplo). Para a presente análise, contamos com um único estudo sobre uma instituição financeira para basearmos a previsão (Tabela 6.6). Essa é uma área complexa para a previsão. O aumento da produtividade é em larga escala resultado do número de entrevistas marcadas para a força de vendas e a facilidade de convertê-las em prováveis compradores: e isso é conseqüência da melhoria da consideração do consumidor, já decomposta em nosso modelo. Em particular no caso da empresa em questão, o pessoal de vendas já era bastante bem-sucedido quando encontraram os clientes em potencial face a face, por isso não havia muito que lucrar com a propa-

Tabela 6.6 Aumento na produtividade da equipe e gasto com propaganda associado

Caso	Gasto (m£)	Produtividade do pessoal de vendas (± %)
TSB	1,7	+22%

ganda. O que está sendo avaliado aqui é o efeito multiplicador da energia, do comprometimento e da confiança da força de venda, resultante da sensação dos vendedores de contar com o apoio da propaganda. Isso pode manifestar-se de inúmeras maneiras que melhoram os resultados da empresa: por exemplo, entrevistas mais curtas graças a um fechamento mais rápido, maior freqüência de vendas múltiplas por entrevista marcada, bem como maior persistência com clientes difíceis.

Este capítulo demonstrou que o IPA Data Bank tem condições de validar e, até certo ponto, quantificar os múltiplos efeitos da propaganda numa cadeia complexa de vendas. Contudo, aplicar todos esses efeitos juntos, sem o benefício da análise regressiva, demanda um trabalho intelectual de conjecturas. O modelo de efeitos abaixo (Ilustração 6.3) é uma tentativa razoável, mas aproximada, de adequar os efeitos individuais ao modelo geral considerando-se uma "média" de gasto de £5-7 m e supondo-se que a propaganda seja tão eficaz

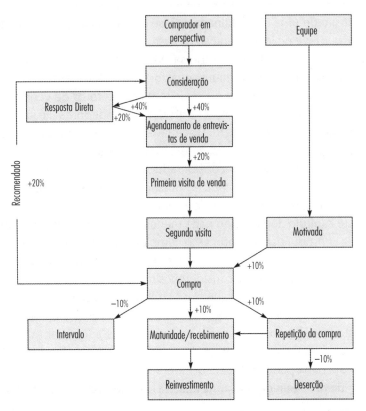

Ilustração 6.3 Estimativa de impactos sobre a cadeia de vendas com um gasto de £5–7 m com propaganda.

quanto os estudos do IPA demonstram ser possível. Como os estudos sobre instituições financeiras do IPA cobrem praticamente cada setor do mercado, não é insensato visar à eficácia nessa escala e com esse patamar de gasto.

Um ponto em que se deve reparar é que não se previu qualquer aumento no índice de fechamento de venda (em razão do alto nível de sucesso já experimentado por essa força de vendas em particular). Claramente nem sempre será esse o caso, mas existem poucas provas no Data Bank, além da mera observação (como, por exemplo, no caso da Scottish Amicable) dos efeitos mensurados da eficácia das vendas face a face, afora o efeito da motivação sobre a produtividade já descrito. O que não é de surpreender, considerando-se as restrições regulamentares impostas às vendas — o principal efeito da propaganda consiste em garantir mais entrevistas face a face para a força de vendas e não em tornar as entrevistas bem-sucedidas.

Avaliação final e conclusão

O propósito de uma tão detalhada análise é possibilitar um cálculo de retorno realista, que leve em consideração os gastos associados a cada efeito da propaganda. No caso específico de empresa interessada por esse modelo, a previsão de forte crescimento do premium anual foi significativamente atenuada por um aumento de 23 por cento na carga de trabalho da força de vendas, que só se poderia satisfazer por meio da contratação de vendedores. Felizmente, houve um retorno de investimento (RDI) aceitável no ano 1, bem como os benefícios permanentes de garantir mais clientes de longo prazo e perder menos clientes a cada ano. Isso não deve ser considerado um caso inusitado ou "de sorte": dos sete estudos referentes a instituições financeiras do IPA capazes de revelar dados suficientes, o RDI médio foi de 79 por cento nos doze meses seguintes.

Este capítulo demonstrou nada menos que oito formas pelas quais a propaganda contribui para um processo complexo de vendas no setor de serviços financeiros — setor onde normalmente se diz que os produtos são vendidos, não comprados. É essencial considerar os múltiplos efeitos da propaganda nesse relato circunstanciado porque, caso contrário, não se poderia avaliar seu impacto sobre os gastos e nos mecanismos internos da empresa. Também é extremamente benéfico para as agências publicitárias adquirirem uma visão dos mecanismos internos da empresa do cliente, que advém desse tipo de análise. O IPA Data Bank pode fornecer consideráveis provas para construir um estudo de caso de propaganda similar na maioria dos mercados e situações.

Síntese da argumentação: Capítulo 7

- As "grandes idéias" são mais valiosas do que a própria execução da propaganda.
- Existem quatro fontes em que se pode encontrar uma boa idéia:
  1. No "interrogatório" do produto para descobrir a verdade dele
  2. Na pesquisa sobre o consumidor para obter uma nova perspectiva
  3. No exame da cultura da empresa para discernir o posicionamento e os valores da marca
  4. No exame da ambição da empresa para detectar um novo espaço no mercado.
- Quando desenvolve uma idéia genuinamente boa, a propaganda tem o poder de influenciar positivamente e motivar a força de trabalho.
- Existem quatro maneiras pelas quais uma grande idéia pode ser aplicada para motivar a força de trabalho:
  1 Elevando o moral
  2 Indicando um novo rumo
  3 Ajudando a construir uma cultura empresarial forte
  4 Ajudando a arquitetar a mudança

CAPÍTULO 7
Como a propaganda motiva a força de trabalho

Johnny Hornby

Como encontrar e usar uma boa idéia em propaganda para motivar a força de trabalho

Um dos empecilhos que impedem as agências de obter o crédito merecido pelo trabalho que executa é o fato de se chamarem "agências de propaganda". As agências de propaganda produzem propaganda. Boas agências produzem boa propaganda. A boa propaganda tem o poder de elevar a percepção e promover a consideração do consumidor e isso, por seu turno, ajuda a incrementar as vendas. Na verdade, muitas agências atualmente colaboram para fixar um conceito tão limitado como esse na medida em que concordam em fechar contratos com clientes para quem o fator bônus é calculado com base na capacidade da campanha publicitária de aumentar um desses aspectos ou ambos. Alguns clientes também incluem uma variável relativa a vendas, mas outros acham demasiado difícil atribuí-las diretamente à propaganda. Raramente uma agência é recompensada ou julgada em relação a quaisquer outros fatores associados ao efeito da propaganda.

Contudo, quando as agências são boas, produzem mais do que campanhas publicitárias. Quando elas são boas, produzem idéias e, quando são muito boas, produzem grandes idéias.

Nota: Os direitos sobre este capítulo pertencem a © Clemmow Hornby Inge. Reproduzido com a sua gentil permissão.

O que é uma grande idéia?

Uma grande idéia é aquela que faz toda a diferença. Uma grande idéia pode impulsionar empresas ou marcas de qualquer categoria a níveis de realização extraordinários, que ultrapassam em muito os limites de um índice de percepção. Como se define o tamanho de uma idéia? Pelo tamanho da diferença que ela faz.

As grandes idéias são mais importantes e potencialmente muito mais valiosas do que a execução da propaganda e a feliz coincidência é que, onde se desenvolvem grandes idéias, a execução da propaganda tende a ser melhor e mais duradoura. Além disso, o efeito de uma grande idéia comunicada pela propaganda pode e deve ser mensurado com base em critérios que excedem os meros aumentos na percepção, na consideração e mesmo nas vendas — uma grande idéia de propaganda pode gerar valiosas RP, mudar a percepção na City ou em qualquer outro centro financeiro, pode vender mercadorias, criar uma dimensão ímpar e particularmente valiosa — esse é o efeito que a propaganda pode exercer quando amplifica a grande idéia que impulsiona uma organização. É assim que a propaganda pode motivar a força de trabalho.

Examinemos o exemplo da campanha "O Pouco que Ajuda", da Tesco, que teve uma duração fantasticamente longa: mais de oito anos. Seu desempenho foi brilhante sob qualquer critério com que tradicionalmente se avalia propaganda, ganhou um IPA Effectiveness Grand Prix por sua capacidade de efetivar vendas e provocar consideração e um Cannes Grand Prix pela criatividade. Mas "O Pouco que Ajuda" é muito mais do que uma campanha publicitária: é uma grande idéia, que lhe diz como você deve comportar-se se trabalhar na Tesco (e, na verdade, a execução dessa campanha é referida como um "treinamento informal"), além de ajudar no desenvolvimento de produtos, fornecer o pano de fundo para as iniciativas de marketing ligado a causas tais como "Computadores para Escolas" e apresentar uma imagem perante a City e os acionistas que revela uma organização em sintonia com os seus clientes e com o país.

Quando o papel da propaganda é o de amplificar a grande idéia, nós devemos mensurar mais do que as vendas e a Millward Brown (empresa internacional de pesquisa): nós devemos analisar a capacidade de realização da empresa antes e depois da propaganda, o moral da empresa, a força da cultura ou as mudanças resultantes da campanha publicitária, ou mesmo a capacidade da empresa de mudar quando inspirada por uma grande idéia que se expressa por meio da propaganda.

Em resumo, fazer propaganda de uma grande idéia tem a capacidade de motivar a força de trabalho das seguintes maneiras:

1 Elevando o moral
2 Indicando um novo rumo

3 Ajudando a construir uma cultura empresarial forte
4 Ajudando a arquitetar a mudança

Para tanto, porém, a propaganda tem de conter uma idéia genuinamente grande — um pensamento único e inigualável que pouquíssimas campanhas contêm.

Quatro fontes em que se encontra uma grande idéia

Inúmeras pessoas da área de comunicações de marketing e agências falam sobre grandes idéias, mas muito poucas as produzem. Uma boa agência pode ter 25 marcas e, na melhor das hipóteses, apenas três ou quatro idéias genuinamente grandes.

A verdade é que grandes idéias não nascem em árvores e, embora possa haver uma ou duas na história das grandes idéias que surgem do nada, a probabilidade é de só as encontrarmos após cuidadosa pesquisa e pensamento criativo. E a solução emerge de uma dessas quatro fontes:

1 "Interrogatório" do produto para descobrir a verdade dele
2. Pesquisa sobre o consumidor para obter uma nova perspectiva
3. Exame da cultura da empresa para discernir o posicionamento e os valores da marca
4. Exame da ambição da empresa para detectar um novo espaço no mercado.

Ao longo dos anos, diferentes aspectos entraram e saíram de moda como geradoras de grandes idéias, mas todas as grandes idéias emergem de uma dessas fontes e na verdade, quer estejam na moda ou não, todas as quatro se mantêm válidas para investigação.

A verdade do produto

Nos bons velhos dias você "interrogava o produto até este confessar sua verdade", como penso que Robin Wight tanto pregava quanto demonstrava com a BMW. E, embora as outras três fontes tenham ficado mais em moda desde então, o diferencial do produto/serviço ainda é largamente empregado para talhar um crescimento extraordinário em mercados maduros e de alta competitividade. A idéia de "valer o sacrifício", de Stella Artois (cerveja) é um bom exemplo disso, bem como o foi o lançamento do (cartão de crédito) Goldfish, com a noção de ser "surpreendentemente prático". Uma boa e antiquada verdade do produto ("Stella é ligeiramente mais cara"; "um cartão de crédito que lhe dá troco em dinheiro no pagamento da sua conta de luz") conduz a uma idéia genuinamente grande que não só produz propaganda e comunicações fortes e eficazes, mas também constitui um modelo forte para desenvolvimento e extensão de produtos no tão competitivo mercado dos cartões de crédito.

Pode não estar na moda "sair à caça de diferenciais", mas esses, embora sejam mais difíceis de achar do que há vinte anos, ainda têm potencial para formar a base de uma grande idéia.

Uma nova perspectiva sobre o consumidor

"O Pouco que Ajuda" é um excelente exemplo disso. O campo de batalha dos supermercados costumava ter, de um lado, os que ofereciam qualidade e, do outro, os que ofereciam preço baixo. O foco ficava nos produtos e marcas vendidos: ou você oferecia marcas de melhor qualidade ou dispunha de um amplo leque de marcas ou ainda os seus produtos eram mais baratos — se você não se importasse de colocar as coisas nesses termos.

A Tesco adotou uma nova perspectiva em relação aos consumidores. A vida nem sempre é um mar de rosas e fazer compras pode somar-se às suas atribulações — se você for uma mãe com três filhos pequenos empurrando um carrinho pelo supermercado numa quarta-feira chuvosa de novembro ou um sujeito que não se importa nem um pouco em saber de que país foi importada a toranja ou o que Delia diz que você pode fazer com ela. Assim, tudo o que faz do ato de comprar algo um pouquinho mais simples torna a vida um pouquinho melhor. Isso é muito mais do que uma idéia para propaganda, é uma idéia para partir de um insípido segundo lugar e transformá-lo no maior e mais bem-sucedido varejista da Grã-Bretanha — inicialmente comunicando um novo rumo à equipe, depois elevando seu moral e, com o tempo, contribuindo para uma cultura empresarial especial e bem definida.

Muitas vezes, encontramos mais facilmente novas perspectivas como essa acerca do consumidor quando abordamos uma categoria ou setor a partir de certa distância; o exame de pesquisas da empresa ou marca já existentes pode revelar algo, sem que tenhamos de encomendar novas pesquisas. Em particular, um novo exame dos pontos da pesquisa que normalmente passam despercebidos, como os primeiros vinte minutos dos grupos focais, quando as pessoas tendem a discutir seu relacionamento e atitudes com um setor que pode constituir a chave para abrir um novo enfoque.

A cultura da empresa

O argumento que este capítulo procura apresentar é que encontrar uma idéia genuinamente grande e comunicá-la tem o benefício adicional de motivar a força de trabalho e, como parte disso, ajudar a moldar a cultura empresarial. O interessante talvez seja o fato de que a grande idéia pode, na verdade, originar-se de uma cultura empresarial ou de um conjunto de crenças do corpo organizacional.

Enquanto as verdades do produto e as perspectivas sobre o consumidor foram por muitos anos os esteios da reflexão sobre a marca, a cultura empresarial veio emergindo, desde os anos 1980, como uma fonte poderosa de grandes idéias para empresas e marcas como Apple, Virgin e Nike. Provavelmente não é por coincidência que, nesses exemplos, as empresas têm líderes muito fortes e dotados de grande visão, que nutrem uma verdadeira paixão por contar a sua história.

É a partir de uma investigação completa de como a empresa trabalha, no que acredita, que valores cultiva e como se comporta que se pode encontrar a inspiração para uma grande idéia. Steve Jobs não acredita que a Apple está no negócio de fabricar caixas que ajudam as pessoas a realizar seu trabalho, tampouco acredita em computadores cinzentos como ferramentas comuns que nos tornam mais eficientes. Steve Jobs acredita que "as pessoas que acreditam que podem mudar o mundo são as que provavelmente o farão". Ele acredita no poder de pensar de forma diferente e apela para aqueles de nós que gostam de pensar que somos mais criativos do que os outros (ou que, pelo menos, gostariam que os outros pensassem assim a nosso respeito). O pessoal da Apple acredita que é para produzir "ferramentas para mentes criativas" que se levantam de manhã e vão para o trabalho: uma grande idéia que, via propaganda, motiva o consumidor, mas também a força de trabalho já existente e até a futura.

O mesmo se poderia dizer do posicionamento "consumidor campeão" da Virgin, que estimulou a percepção de que há centenas de jovens inteligentes vestindo *jeans*, revolucionando as lojas que não tiverem sempre em mente os interesses do consumidor, em benefício dos seus clientes. Uma idéia poderosa para os consumidores e para quem precisar criar rapidamente uma cultura empresarial forte numa empresa novata — o que é freqüentemente o caso com os inícios da Virgin. As empresas da Virgin são bastante separadas em muitos casos, tendo Richard Branson com sua pequena equipe e o nome da marca como únicos pontos comuns. A grande idéia de "fazer do consumidor um campeão", que é tão freqüentemente aplicada às empresas Virgin, faria você sentir que as suas equipes, a despeito de completamente diferentes, são vinho da mesma pipa.

Ambição empresarial para detectar um novo espaço no mercado

A mais contemporânea, talvez, das nossas quatro fontes de grandes idéias é a noção de que podemos encontrá-las quando definimos a ambição empresarial de uma empresa ou marca, o que então revela um novo espaço no mercado.

Pode parecer que já faz muitos anos, mas o "quarto serviço de emergência" da AA continua sendo um dos melhores exemplos de que interrogar e compreender as ambições empresariais pode proporcionar a visão necessária para definir um novo espaço de mercado. A AA estava no mercado de prestação de assistência em rodovias e a agência publicitária HHCL reclassificou a empresa como o "quarto serviço de emergência". A propaganda e as comunicações que resultaram daí são bem reconhecidas por sua potência, mas a grande idéia era mais poderosa do que simplesmente servir de estímulo para campanhas eficazes para TV e MD. Num dia, o empregado da AA era um sujeito que prestava assistência na beira de estrada e, no outro, fazia parte de uma equipe que constituía — para os seus membros — o "quarto serviço de emergência". São poucos os posicionamentos motivadores no que diz respeito à força de trabalho e tendo a grande idéia amplificada para o país — não somente o seu emprego é elevado, mas todas as pessoas que você conhece também tomam conhecimento disso.

Muitas agências atualmente lamentam a perda de contas e a exclusão da lista de preferências dos melhores clientes, mas essa rica fonte de grandes idéias requer que se dê o primeiro passo com uma interrogação genuína sobre o nível mais alto que a empresa quer alcançar e é a partir daí que algo como "o quarto serviço de emergência" tem o potencial de emergir (veja a Ilustração 7.1).

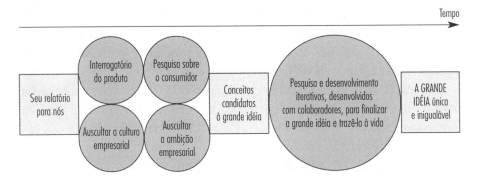

Ilustração 7.1 Onde encontrar uma grande idéia

Tendo encontrado a grande idéia, você pode agora usá-la não só para informar uma campanha publicitária (que deve produzir todos os benefícios que as campanhas publicitárias produzem) em termos de percepção, consideração e vendas, mas também para ajudá-lo a motivar a força de trabalho das quatro formas que esbocei anteriormente. O mais freqüente, contudo, é a propaganda não ser conscientemente empregada para motivar a força de trabalho e isso ocorrer simplesmente porque as grandes idéias comunicadas pela propaganda exercem esse efeito. Se você quisesse usar uma grande idéia para motivar a sua força de trabalho, teria de primeiro definir as mudanças que gostaria de efetuar, a fim de reduzir a área onde procuraria a sua grande idéia. Por exemplo: para comunicar, por meio da propaganda, à sua força de trabalho uma mudança de direção e posicionamento, você muito provavelmente examinaria a área da ambição empresarial.

Como usar uma grande idéia publicitária para elevar o moral da empresa

O famoso reposicionamento da British Airways constitui um exemplo clássico disso. Uma força de trabalho desmoralizada era em grande medida parte do fracasso da linha aérea no início dos anos 1980. Em 1981/82, a BA amargava uma perda de 541 milhões de libras e figurava entre os alvos menos atraentes das privatizações em perspectiva. De mãos dadas com o programa de treinamento de pessoal "A Linha Aérea Favorita do Mundo", uma grande idéia, nascida de uma ênfase muito inteligente da verdade do produto, motivou a equipe da BA e estabeleceu as expectativas em relação ao modo como deviam portar-se. A partir do dia em que a campanha teve início, os empregados da empresa deixaram de trabalhar numa organização acuada e ultrapassada para trabalhar para a "Linha Aérea Favorita do Mundo", podendo orgulhar-se de integrar uma equipe que merecia a inveja de todo o setor. Idéias igualmente motivadoras foram desenvolvidas a partir de verdades do produto para ajudar professores, membros da força policial e até do Exército com o conceito "Seja o melhor". Embora todas essas campanhas tenham sido desenvolvidas como idéias publicitárias para recrutamento de pessoal — a declaração pública da verdade do produto funcionou como um lembrete altamente estimulante da razão por que os indivíduos já empregados nessas carreiras intrinsecamente, mais do que extrinsecamente, motivadoras haviam escolhido aquela profissão.

Comunicação de um novo rumo

O ponto mais baixo na história recente da Partido Trabalhista foi a convenção de 1983, na qual, em virtude da velha ideologia do partido, muitos saíram para formar o SDP (Partido Social-Democrático). Foi a partir desse ponto mais baixo que os modernizadores e criadores do que se tornaria o Novo Trabalhismo (New Labour) começaram a tentar reconstruir o partido e torná-lo elegível.

Em essência, a grande idéia de que o partido fora reconstruído foi encontrada na "fonte" relativa ao novo espaço de mercado. A ambição corporativa era criar um partido social-democrático moderno e relevante, baseado na grande idéia de "igualdade de oportunidade". O Old Labour (Velho Trabalhismo), em contraste, concentrara-se na tentativa de criar uma "igualdade de resultado". O pobre ficaria mais rico e o rico ficaria mais pobre e no final todos estaríamos num meio-termo mais justo. A grande idéia do Novo Trabalhismo removia a dificuldade de as pessoas terem de escolher entre a cabeça e o coração, o emocional e o racional. Tornou-se possível o cidadão ser a favor de ajudar os menos favorecidos e votar com o objetivo de melhorar as chances deles com a contribuição dos impostos pagos para o Estado, sem sacrifício das próprias ambições. O Novo Trabalhismo praticava a política do "e" em vez da política do "ou". Essa mudança foi fundamental para garantir que os eleitores poderiam reavaliar o partido como uma opção elegível. A grande idéia do Novo Trabalhismo e a sua comunicação por meio da propaganda e de todas as formas de comunicação consolidaram a mudança.

Para além do eleitorado, porém, o Novo Trabalhismo era uma idéia que mobilizou e motivou os próprios membros do Partido Trabalhista a acreditar que poderiam novamente fazer parte de uma organização que tinha a chance de governar e de promover uma mudança na Grã-Bretanha. O "Novo Trabalhismo" galvanizou o partido para trabalhar mais arduamente e por mais tempo como resultado da derrota de 1992 e desempenhou um papel importante não só como motivador, mas também como um meio bastante claro de comunicação, para todos os membros e todos os que o apoiavam, sobre a nova postura do partido. A grande idéia do Novo Trabalhismo havia moldado a propaganda na forma de programas políticos de rádio, pôsteres e impressos por vários anos — muitos dos quais haviam sido empregados tanto para motivar os militantes e trabalhadores do partido quanto para influenciar o comportamento dos eleitores. A campanha "Muito já feito, muito mais para ser feito", por exemplo, visava comunicar para o eleitorado o senso de propósito e missão do partido, mas também visava mantê-lo concentrado e motivado para o trabalho árduo que o aguardava, agora que chegara ao poder. "Saia para votar ou eles vão voltar" pode parecer à primeira vista uma brincadeira vulgar, mas foi projetado para chamar a atenção daqueles membros do partido que achavam que a eleição de 2001 já era favas contadas para as conseqüências que sua apatia poderia provocar. Foi isso que possibilitou, aos trabalhadores, militantes e a todos os que apoiavam o partido, articular tanto a mudança em relação ao Partido Trabalhista do passado quanto a diferença genuína entre o Novo Trabalhismo e o Partido Conservador.

Peter Mandelson expressa isso de forma bastante simples: "A grande idéia de 'Novo Trabalhismo' motivou os trabalhadores e seguidores do partido porque lhes deu a idéia de que havia uma chance de ganhar e essa é toda a motivação de que se precisa para uma equipe ou time."

Como fazer propaganda de uma grande idéia para ajudar a construir uma cultura empresarial forte

A partir do dia em que abriu sua primeira loja, Charles Dunstone começou a criar uma cultura empresarial que se concentrava inteiramente no cliente. Até hoje ele e sua equipe continuam obcecados com a idéia de desenvolver uma empresa e uma cultura que se concentrem completamente em dar ao cliente o que esse deseja.

Desde o começo da acelerada expansão da telefonia celular, a Carphone Warehouse se posicionou como uma marca que servia de mediadora entre o consumidor e o confuso mundo dos fabricantes de aparelhos e fornecedores de tempo de utilização (*air time*). A campanha "Conselhos simples e imparciais" atuou como uma declaração poderosa e motivadora para os inúmeros consumidores que achavam esse novo mundo complicado e assustador. Como uma grande idéia, essa impulsionou um crescimento fantástico dos negócios — além disso, cada vez que eram veiculados no rádio, os anúncios não só corroboravam o ponto de vista da marca para o consumidor, como atuavam como lembretes para cada membro da empresa acerca do propósito da organização e de como tratar seus clientes.

Como arquitetar mudanças

À medida que o mercado de celulares caminhava para a saturação, tornou-se necessário para a Carphone fazer sua grande idéia evoluir. "Para uma vida celular melhor" reconhece que o mercado e o relacionamento que os clientes querem manter com a marca serão de longo prazo. Que o foco implacável no cliente não pode limitar-se ao momento da compra do telefone, mas estender-se à compreensão do papel que o telefone desempenha na vida dele e o crescente potencial das novas tecnologias do setor de facilitar a vida dos usuários. Em essência, o papel da Carphone Warehouse não é mais o de uma loja que vende telefones celulares: o papel da marca é o de prestar serviço às pessoas em sua vida como usuários de celulares.

Traduzir essa mudança em propaganda foi vital para fazer frente ao desafio desse mercado mutável, mas a idéia de "Para uma vida celular melhor" encapsulava mais do que uma proposta ao consumidor. A propaganda é bem-sucedida em demonstrar aos consultores de vendas da The Carphone Warehouse que o que importa não é o telefone que as pessoas escolhem, mas onde elas o adquirem, porque um aparelho que conta com o suporte da The Carphone Warehouse terá uma "vida útil maior e mais feliz". A propaganda nesse exemplo funciona como pano de fundo para as comunicações internas e o rigoroso treinamento em que a The Carphone Warehouse investe, mas é também um importante e valioso auxiliar para arquitetar a evolução de uma grande idéia.

A propaganda que contém uma genuína grande idéia tem a capacidade de afetar positivamente muito mais do que os indicadores tradicionais que lhe são associados. Motivar uma força de trabalho é um dos muitos benefícios que as agências e os clientes têm descoberto ser particularmente importante.

A investigação meticulosa do produto de uma empresa ou marca, do consumidor, da cultura empresarial e da ambição corporativa não só fornece uma melhor chance de encontrar a visão necessária para ter uma grande idéia, mas também possibilita uma compreensão da empresa ou marca melhor do que aquela que às vezes as agências têm quando investigam apenas o produto e o consumidor. Essa maior compreensão traz benefícios adicionais, pois nos coloca em melhor posição para reconhecer uma grande idéia quando essa surge e reconhecer o potencial que ela pode ter além de simplesmente influenciar a propaganda e as comunicações. Com essa visão nós podemos posicionar-nos melhor para sabermos como queremos aplicar a idéia para motivar a força de trabalho de formas diferentes, para elevar o moral, para ajudar a construir uma cultura forte ou até mesmo para comunicar uma mudança de rumo.

Se você ainda se sente inseguro faça a si mesmo uma pergunta. Você preferiria trabalhar para a Nike ou para a Adidas? PlayStation ou Nintendo? Apple ou Compaq?

Síntese da argumentação: Capítulo 8

- A propaganda é um dos quatro elementos do "composto de marketing". Embora também possa construir o valor da marca no balanço da empresa,[1] a propaganda tradicionalmente dá sustentação ao item "receita" do plano de negócios ao ajudar a conquistar novos clientes e estimular os já existentes a se manterem fiéis e comprarem mais.
- A propaganda on-line, contudo, pode desempenhar um papel não apenas nas vendas, mas também na distribuição e na redução dos custos, desse modo demonstrando múltiplos efeitos para a empresa.
- A propaganda on-line é um meio com que se pode realmente contar tanto para impulsionar as vendas quanto para aumentar a percepção.
- Para otimizar a contribuição que a propaganda on-line pode fazer, uma empresa precisa:
    — Ver o meio on-line como um canal para o mercado e também do mercado para a empresa
    — Ser claro sobre os objetivos de usar o meio on-line
    — Envolver os planejadores de negócios da empresa nas principais iniciativas on-line
    — Estar aberto para a mídia não-tradicional e, por definição, não-familiar.

CAPÍTULO 8
De que modo a propaganda on-line pode produzir efeitos negociais mensuráveis

Charlie Dobres

Introdução

A propaganda on-line é uma grande caixa de ferramentas de marketing pronta para ser usada. Na verdade, talvez seja melhor falarmos em termos de marketing on-line, já que a esfera digital se presta para direcionar marketing, RP, propaganda, distribuição, desenvolvimento de produtos, criação de website e mais. Ironicamente, considerando-se que a maioria das empresas varejistas já conhece 90% do que precisa para aventurar-se pelas comunicações on-line, a maior barreira para o uso ainda é o medo do desconhecido.

Mais de 50 por cento da população do Reino Unido agora estão on-line[2]. Todos os grupos demográficos e psicográficos estão lá, assim como todos os níveis de pessoa de negócios — 91% dos empregados das principais empresas do RU, cerca de 4% do total, estão agora on-line, 33% dos quais "conectando-se" todos os dias.[3]

Então, é importante ao menos ter conhecimento das multifacetadas vias pelas quais a mídia interativa on-line pode alcançar uma audiência, amplificar a eficácia de uma campanha e contribuir diretamente para o resultado líquido. Na verdade, a propaganda on-line pode produzir resultados mensuráveis tanto off-line (nas lojas) quanto on-line (via websites). Os varejistas que examinaram seus registros relataram uma proporção de até £7 gastas na loja para cada £1 gasta em propaganda on-line.[4] Então, a propaganda on-line pode, além de impulsionar as vendas, promover percepção e ajudar a construir a marca.[5] Os números crescentes dos estudos têm mostrado que um anúncio on-line pode realmente atingir o mesmo índice de retenção na memória que o comercial de televisão.[6]

Então, que questionamento o pessoal de marketing faz na hora de considerar se deve ou não usar a mídia on-line em seu composto de marketing?

"Não vou me arriscar entrando numa área da qual não conheço coisa alguma"

Vale a pena abordar primeiro essa questão. A mídia on-line parece polarizar as opiniões e reações entre os varejistas. Muitos se arriscaram num momento em que a economia mundial estava em boa forma. Usar a nova mídia nesse momento dava a impressão de menos arriscado, parecia mesmo progressista. Mas decidir usar a nova mídia em tempos de incerteza econômica requer mais cabeça do que coração e este capítulo visa fornecer um ponto de partida. Uma coisa que "usar a Internet" não requer, contudo, é todo um novo conjunto de habilidades.

A boa nova é que você já sabe 90 por cento do que precisa saber.

As leis usuais de propaganda são as mesmas. A grande propaganda on-line tem por base a visão sobre o consumidor, uma proposição persuasiva, uma oferta motivadora, uma recompensadora execução criativa, tudo isso colocado diante do público certo, na hora certa — exatamente como ocorre com a propaganda *normal*. A principal diferença é que os consumidores podem reagir imediatamente à propaganda por meio do mesmo canal em que viram o anúncio.

De qualquer modo, não é com *você* que você precisa-se preocupar, mas com os seus colegas. As empresas que planejam propaganda on-line com maior eficácia e provocam respostas com maior eficiência costumam primeiro resolver problemas internos que podem funcionar como obstáculos. Elas dinamizaram suas comunicações internas ou até mesmo eliminaram divisões departamentais ultrapassadas a fim de possibilitar o compartilhamento de conhecimentos sobre o consumidor e de velocidade da resposta a oportunidades e ameaças. Por exemplo, uma campanha/promoção publicitária on-line pode eliciar centenas de mensagens eletrônicas, dentre as quais é possível haver algumas perspectivas inestimáveis ou mesmo sugestões/reclamações espontâneas. Mas, se os dados não forem vistos e tratados rapidamente pela equipe de Atendimento ao Consumidor, talvez se perca uma oportunidade de reter um cliente já existente ou de conquistar um novo. Uma resposta a esse problema seria, naturalmente, não colocar um campo "comentários" no formulário de entrada (ou simplesmente não executar a promoção). Contudo, como todos os varejistas sabem, uma queixa não expressada tem toda a probabilidade de conduzir à perda do cliente.

Também acontece de haver metas internas conflitantes que impedem o uso ótimo da Internet. Um exemplo não incomum ocorre quando a atividade publicitária on-line gera um aumento das vendas off-line, nas lojas da empresa, mas, infelizmente, existe um orçamento on-line separado, que computa apenas o retorno das vendas on-line. Desse modo, o gerente de propaganda on-line não tem incentivo para impulsionar as vendas como um todo e, conseqüentemente, seus objetivos ficam em descompasso com os da empresa. Se você pensa na website apenas como mais uma loja/agência, o absurdo desse enfoque se evidencia.

"A Internet ainda está na infância. Voltemos a conversar daqui a cinco anos"

Não, a mídia na verdade avançou muito; inevitavelmente, é essa idéia das pessoas que ficou para trás. A capacidade da propaganda on-line de alcançar o público, de atingir os alvos e provocar respostas positivas, tudo isso atingiu a maturidade:

Alcance do público

- Atualmente 24 milhões de pessoas usam a rede no RU.[7]
- Existem muitos sites (portais) de amplo alcance que podem bem ser comparados à mídia tradicional (veja Ilustração 8.1).[8]
- Atualmente, durante a maior parte do dia, das 8 às 17 horas, a rede tem um alcance maior do que a TV entre o público-chave de 25 a 34 anos.[9] As empresas de produtos de consumo que exploram esse novo equilíbrio de consumo de mídia podem alcançar seu público-alvo a um custo relativamente baixo, mas com alto índice de resposta.

8m

Alcança mais indivíduos por mês do que

5,5m

6,2m

Alcança mais ou menos o dobro de indivíduos do que

3,1m
trimestralmente

Ilustração 8.1

Determinação do público-alvo e geração de resposta

- Os clientes podem ser identificados conforme suas áreas de interesse, com relação custo/benefício favorável. Existem centenas de sites que abastecem qualquer área de interesse. O sistema único de veiculação de anúncios, ad-serving, (veja abaixo) e os custos de produção relativamente baixos indicam que é possível fazer uma campanha rodar por um grande número de sites especializados, obtendo-se resultados com grande facilidade.
- Os *adservers* fornecem automaticamente todas as cópias para as websites quando o internauta visita a página. É essa tecnologia que lhe permite ditar variáveis tais como: freqüência das visitas à pagina; período do dia; dia da semana; visibilidade por país (Ilustração 8.2).
- Os clientes podem ser segmentados de acordo com seu estágio no processo de aquisição. Caixas pop-up, banners, anúncios de página inteira etc. podem ser eficazes para atrair a atenção daqueles que, no processo de compra, encontram-se apenas no estágio da percepção. No outro extremo, em que os clientes se decidiram a comprar e estão em busca de fornecedor, é possível mostrar-lhes anúncios específicos em resposta à digitação de uma palavra-chave num mecanismo de busca.

"Eu não faria a menor idéia do uso do dinheiro: se foi bem empregado ou não"

Lorde Leverhulme teria adorado a propaganda on-line. Ele teria descoberto com rapidez e economia exatamente qual parte de sua propaganda estava funcionando.

Ilustração 8.2

Até recentemente, quase todas as campanhas on-line eram mensuradas somente em termos de taxa de cliques.[10] Embora esse seja um amplo indicador de resposta a uma campanha, ele não lhe diz se alguém tomou alguma providência subseqüente, como por exemplo registrar interesse ou mesmo comprar o seu produto. Desde 1999, contudo, a tecnologia tem possibilitado ao anunciante registrar ("to tag") cada pessoa que é exposta ao anúncio ou que responde a ele, instalando uma peça pequena e especial de código conhecida como "cookie"[11] no computador dos visitantes. Quando a pessoa, na seqüência, efetiva uma compra, o cookie é lido e o valor da compra é anexado àquele registro.

Mesmo que o cliente não faça uma compra logo em seguida, é possível continuar a rastreá-lo até que o faça. Desse modo, a propaganda on-line é única em sua capacidade de mensurar diretamente a eficácia da campanha tanto pelos indicadores centrados na empresa bem como pelos tradicionais, centrados na mídia — uma alta capacidade de gerar respostas que é, sem dúvida, de grande interesse quando os orçamentos de propaganda estão sob pressão (veja Ilustração 8.3).

Esse mesmo mecanismo permite acompanhar uma campanha enquanto está sendo rodada, o que possibilita operar mudanças para otimizar seu desempenho — isso é conhecido como "fixing". Na verdade, muitos publicitários optam por rodar sua atividade on-line como peça do marketing já em curso e não como campanhas individuais. Usando as técnicas descritas acima, o profissional de marketing pode traçar um quadro da eficácia do marketing on-line a longo prazo.

"Mas eu não vendo o meu produto pela Internet"

Para algumas empresas, a Internet é uma oportunidade do começo ao fim. Uma empresa de seguros pode gerar percepção on-line, estimular perguntas e mesmo completar a transação. Existem centenas de exemplos disso em diversos setores: passagens aéreas, livros, brinquedos, computadores, lingerie etc.

Ilustração 8.3

- 31 por cento dos consumidores do RU já compraram ao menos um produto pela Internet.
- 26 por cento deles o fizeram nos últimos três meses.[12]

Mas as empresas que limitam sua atividade on-line apenas aos produtos à venda pela Internet estão em desacordo com o comportamento do consumidor. Por exemplo:

- Mais de 40 por cento de todos os consumidores do RU pesquisam regularmente os produtos na Internet antes de efetuarem a compra.[13]
- Mas no caso de carros, por exemplo, apenas 1,1 por cento das pessoas efetuam a compra pela Internet.[14]

Então, só porque a Internet *pode* ser um meio de distribuição com boa relação custo/benefício, seu papel nas decisões de compra realizada off-line (nas lojas/showrooms) não deve ser desprezado. Do mesmo modo, só porque a Internet é altamente eficaz na geração de resposta direta, não se deve desprezá-la como meio para provocar percepção e construir a marca.

Na prática, uma única campanha on-line exerce efeitos múltiplos: atrai alguma resposta imediata e alguma resposta retardada (quando os consumidores tiverem tempo/disposição), bem como promove uma ampla percepção, como acontece com os pôsteres (Ilustração 8.4).

- Pôster/imprensa = Geração de percepção: os anúncios on-line, vistos na tela a uma distância inferior a 60 cm, aparecem como "mini pôsteres" (banners) ou em formatos mais interruptivos, que ocupam a maior parte da tela.
- Resposta posterior = Resposta retardada: em geral, representa cerca de 3 por cento do índice de resposta para cada 1 por cento de Resposta Imediata. Como nesse caso as pessoas respondem quando estão dispostas, os índices de conversão em compra tendem a ser significativamente mais altos do que no caso das Respostas Imediatas.

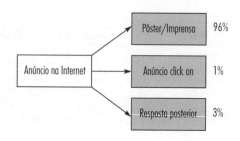

Ilustração 8.4

- Anúncio click on = Resposta Imediata: é o caso das pessoas que estão na Internet em busca do produto naquele momento ou que apenas são curiosas. Elas podem ir até a página inicial do website do produto e parar aí, como alguém que olha para o interior de uma loja (talvez várias vezes) antes de entrar e comprar alguma coisa.

Conclusão

"Se é assim tão bom, por que não está todo mundo usando?"

"Eu creio que existe um mercado mundial para talvez cinco computadores."
Thomas Watson, chairman da IBM (1949)

"A televisão não conseguirá manter por mais de seis meses nenhum mercado que venha a conquistar. As pessoas logo se cansarão de ficar olhando para uma caixa de madeira aglomerada todas as noites."
Darryl F. Zanuck, 20th Century Fox - Presidente (1946)

"Esse tal de 'telefone' tem deficiências demais para ser levado a sério como meio de comunicação. O aparelho definitivamente não tem qualquer valor para nós."
Western Union (1876)

Existe uma lacuna. De um lado da equação, o uso da Internet e de outras mídias digitais, por parte dos consumidores, alcançou proporções de mercado de massa. Mais e mais pessoas estão passando cada vez mais tempo on-line e comprando/pesquisando mais e mais produtos. As estatísticas são inequívocas e esmagadoras. Do outro lado, alguns profissionais de marketing ainda se mostram reticentes quanto ao uso de anúncios on-line em seu composto de marketing, a não ser em caráter experimental.

O sucesso ou fracasso do marketing pela Internet depende, na sua maior parte, do enfoque que os varejistas adotam e não dos pontos fortes ou fracos inerentes a essa mídia. Os maus comerciais de TV não solapam o poder geral da televisão; os pôsteres confusos, mal concebidos, não nos fazem praguejar contra o outdoor como mídia. Então, o problema é com a Internet e, na verdade, com toda a mídia digital, pois deve-se notar que a propaganda on-line atualmente abrange os telefones celulares (textos), a TV interativa, o marketing por correio eletrônico e até mesmo os computadores de mão.

Os varejistas já estão enviando às pessoas ofertas e convites para participar de concursos via texto SMS. Mecanismos interativos de TV atualmente são cada vez mais comuns na TV digital e há patrocínios disponíveis nas páginas interativas "por trás" de alguns dos principais programas de TV. Anúncios com quadros podem ser colocados dentro de mensagens eletrônicas opt-in e esses podem obter índices elevados de resposta. E ofertas podem ser baixadas pelo Assistente Pessoal Digital (PDA) dos consumidores e eles podem responder via correio eletrônico quando "sincronizarem" seus aparelhos. Agora todas essas técnicas e outras mais estão prontamente disponíveis.

A atenção média das pessoas está fragmentada: 75 por cento dos adultos do RU têm telefone celular, bem como 52 por cento das crianças na faixa etária entre 7 e 16 anos.[15] Esses dois grupos enviam cerca de 1,4 bilhão de mensagens de texto por mês.[16] Dos 50 por cento das casas do RU que atualmente têm conexão com a Internet, mais de 30 por cento afirmam que, como conseqüência, agora assistem menos à televisão.[17] É de surpreender que os números do BARB (Broadcasters Audience Research Board) mostrem uma queda de 13,5 por cento em audiência ao longo dos comerciais de TV?[18] Claro que as pessoas estão vendo menos televisão, já que dispõem de tantas outras coisas com que ocupar o tempo. Então, os varejistas têm de segui-las para a nova mídia que elas estão consumindo em proporções cada vez maiores. Segui-las ou arriscar-se a perder a sua atenção.

E a Internet é diferente das outras mídias, porque apresenta ao menos um atributo especial e de fundamental importância: o consumidor pode passar pelo processo todo — da percepção ao interesse, desse para o desejo e daí para a ação — dentro da mesma mídia e da mesma sessão. Quando adota o desenvolvimento tecnológico que possibilita seguir honesta e razoavelmente esse caminho, você passa a dispor de um meio de propaganda que não só *pode* contribuir diretamente para o resultado líquido da sua empresa, como também freqüentemente o *faz*.[19]

Pós-escrito: "Como começo?"

Alguns contatos úteis:

IPA - Digital Marketing Group
Diretor de Assuntos ligados à Mídia
020 7201 8203
www.ipa.co.uk

ISBA - New Media Group
Diretor de Assuntos ligados à Mídia e Propaganda
020 7499 7502
www.isba.org.uk

Internet Advertising Bureau (UK)
www.iabuk.net

AAR Digitalp
020 7612 1200
www.aargroup.co.uk

Notas

1. *Advalue*, "How advertising affects shareholder value", Número 5, Fevereiro de 2000.
2. Oftel, Outubro de 2002.
3. IPSOS-RSL 2001.
4. Pesquisa i-level Digital Partnerships.
5. Internet Advertising Bureau: "Banners build brands: four research studies provide conclusive proof" (www.iabuk.net) Research Arquives.
6. Harris Interactive/Unicast, Junho 2001
(http://www.harrisinteractive.com/news/allnewsbydate.asp?NewsID=321)
7. Oftel, Outubro de 2002.
8. Setembro de 2002, Nielsen//Netratings; Mirror Group; RAJAR.
9. Nielsen//NetRatings, BARB.
10. Taxa de cliques (clickthrough) é o número de "cliques" num anúncio on-line, expresso como um percentual das impressões que o anúncio teve. NB: *Não* é o equivalente de um índice MD de resposta, porque impressões não são o mesmo que alcance.
11. Cookie é uma linha de texto que se instala em seu disco rígido — veja como é o aspecto de um deles: SITESERVERID=3149B19C228AD411B81F00902752105Bwww.ask.co.uk/04195729408297566272240795328293 67857* (Ele não pode identificá-lo pelo nome, apenas pelo computador, preservando o seu anonimato.)
12. Forrester Internet User Monitor.
13. Forrester Internet User Monitor.
14. Cap Gemini Ernst & Young, Outubro de 2001.
15. NOP Janeiro de 2002.
16. Operator Statements/Declarações do operador.
17. Forrester Internet User Monitor.
18. BARB Janeiro de 2002.
19. IPA Effectiveness Awards 2000 (4 star winner) — campanha publicitária easyJet on-line (www.ipa.co.uk)

Síntese da argumentação: Capítulo 9

- As empresas que mantêm ou que ampliam sua propaganda durante os períodos de recessão conseguem ganhar participação no mercado de modo significativamente mais acelerado do que quando o mercado está em expansão.
- Embora isso implique uma redução no desempenho financeiro a curto prazo, o resultante ganho em participação de mercado produz um aumento sustentável no retorno do investimento da empresa.

Capítulo 9
A propaganda em tempos de recessão

Alex Biel e Stephen King

Definição de recessão

Bernard Baruch afirmou que você sabe que está numa recessão quando o seu vizinho está desempregado (e acrescentou que, quando *você* está desempregado, o caso é de depressão!).

Embora em geral se pense que as recessões que ocupam as manchetes dos noticiários compreendam tudo e tenham alcance nacional, essa definição obscurece o fato de que as condições econômicas "normais" do país na verdade consistem numa média de bons tempos em algumas indústrias e maus tempos em outras; de crescimento em algumas partes do país e declínio de outras.

Durante uma recessão nacional todos são afetados, mas alguns setores sentem mais a pressão do que outros. Do mesmo modo, durante os períodos de expansão, alguns mercados colhem benefícios maiores do que outros.

Mais útil é a definição empírica de recessão que relaciona o crescimento anual num determinado momento à tendência de crescimento a longo prazo de um *mercado específico*. O Center for Research & Development, em colaboração com o Strategic Planning Institute, tem adotado esse conceito de recessão baseado em mercados específicos para analisar empresas varejistas na base de dados da Profit Impact of Market Strategy (PIMS). A base de dados do PIMS incluía, na época da análise, 749 empresas varejistas, com dados de no mínimo quatro anos que abrangiam essas empresas e os mercados em que atuavam.[1]

A base de dados do PIMS é a única fonte que fornece informações tanto de marketing quanto financeiras das empresas desse setor.

Uma definição que funciona

Para os nossos propósitos, considera-se que um determinado mercado específico está em recessão quando o crescimento a curto prazo *retarda* o crescimento a longo prazo em no mínimo quatro pontos percentuais. Por outro lado, quando *excede* seu índice de crescimento a longo prazo por mais de quatro pontos percentuais, podemos dizer que um mercado está em expansão.[2] Essa definição nos possibilita descrever como as empresas varejistas agem sob diferentes condições de mercado.

A relação com as condições mutáveis de mercado

Para entender o que acontece durante os períodos de transformação das condições de mercado, é útil comparar as *mudanças* nos percentuais de retorno das empresas cujo mercado está em expansão com os percentuais daquelas cujo mercado está encolhendo. Como a Ilustração 9.1 mostra, a situação do mercado exerce um substancial impacto sobre o retorno do capital investido pela empresa.

Não constitui grande surpresa a descoberta de que, quando o mercado se expande, a empresa varejista média constante na base de dados do PIMS desfruta de um retorno maior do seu investimento. Na verdade, é de se esperar que os índices de retorno aumentem ainda mais durante um período de crescimen-

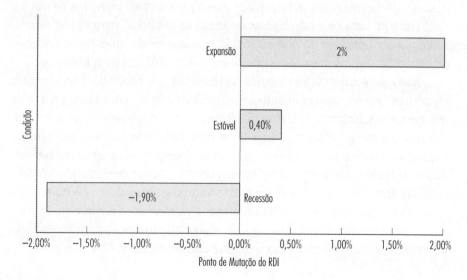

Ilustração 9.1 Mudanças no RDI sob diferentes condições de mercado

to de mercado; o fato de que isso não acontece pode ser explicado, até certo ponto, pela dificuldade enfrentada por certas empresas para fazer frente a uma demanda maior.

Quando o mercado se contrai, por outro lado, os lucros da empresa média declinam. Nesse estudo, a empresa média perde apenas menos de dois pontos percentuais de lucro, caindo de um retorno do investimento de 21,9 por cento para 20,0 por cento.[3]

Mudanças no gasto com propaganda em relação às mudanças no retorno do investimento

Qual é a relação entre as mudanças no gasto com propaganda e as mudanças no retorno do investimento? Para respondermos a essa pergunta, nós examinamos as políticas específicas de gasto adotadas pelas empresas constantes na base de dados.

Das 339 empresas que enfrentaram períodos recessivos, um terço cortou seu gasto com propaganda numa média de 11 por cento, enquanto dois terços na verdade gastaram um percentual *maior* do que antes.[4]

Daquelas empresas que elevaram seu investimento com propaganda, a maioria (60 por cento) limitou seu aumento a não mais que 20 por cento em relação ao gasto anterior. A empresa média desse grupo aumentou o gasto em 10 por cento. Contudo, os outros 40 por cento das empresas que elevaram o gasto fizeram aumentos *substanciais*, que variaram entre 20 e 100 por cento, numa média de 49 por cento.

A Tabela 9.1 mostra a relação entre as mudanças no retorno do investimento e as mudanças nos gastos. Evidentemente, as empresas sofreram uma redução no retorno do investimento, quer cortando, quer aumentando o gasto durante a recessão. Na verdade, as empresas que cederam à tendência natural de cortar o gasto num esforço de aumentar os lucros descobriram que isso não funciona. Essas empresas não se saíram melhor em termos de retorno do investimento do que as que elevaram modestamente seu gasto com propaganda.

Tabela 9.1 Mudanças no RDI em relação às mudanças no gasto com propaganda durante uma recessão

Gasto	Mudanças no RDI
Diminuiu (−11% em média)	−1,6%
Aumento modesto (+10% em média)	−1,7%
Aumento substancial (+49% em média)	−2,7%
Mudança média — todas as empresas (veja Ilustração 9.1: Recessão)	−1,9%

As empresas que aumentaram *substancialmente* seus orçamentos de propaganda experimentaram a maior queda em retorno do investimento: uma redução de 2,7 pontos percentuais. Contudo, como veremos, os anunciantes que aumentaram o gasto — modesta ou agressivamente — conquistaram ganhos em participação no mercado maiores do que aqueles que diminuíram o investimento. O que, por sua vez, colocou-os em melhor posição para elevar os lucros depois da recessão.

Os elos entre condições de mercado, participação de mercado e propaganda

Essas descobertas nos levaram a dissecar a relação entre as mudanças no retorno do investimento e as mudanças na pressão sobre a propaganda.

Como demonstramos num estudo anterior,[5] o gasto com propaganda e o retorno do investimento estão ligados — mas apenas de forma indireta. A propaganda afeta diretamente a "proeminência" da marca, a qual, exposta pela propaganda, torna-se mais presente na mente dos clientes em potencial. E também tende a amplificar a qualidade relativa percebida da marca, o que, por sua vez, aumenta o seu custo/benefício percebido. A proeminência e a qualidade percebida impulsionam o comportamento de compra e isso, é claro, reflete-se nas vendas e portanto na Participação no Mercado (PNM). Mas a participação no mercado, bem como a pressão sobre a propaganda, é afetada pelas condições de mercado (Ilustração 9.2).

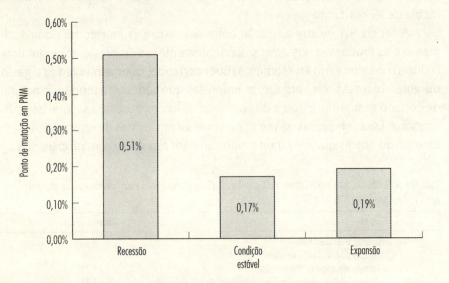

Ilustração 9.2 Mudanças na participação em relação às condições de mercado

Aqui nós vimos que as empresas constantes na base de dados do PIMS desfrutam de um índice *maior* de crescimento da participação durante os períodos recessivos e de um índice *menor* de aumento da participação durante os períodos estáveis e de crescimento.

Uma explicação para isso é que as empresas mais fracas — empresas com menor participação no mercado — podem ser menos capazes de se defenderem durante os períodos recessivos, enquanto suas concorrentes de maior porte se tornam mais agressivas, a fim de compensar parcialmente as vendas ameaçadas por uma taxa menor de crescimento do setor. A base de dados do PIMS inclui um amplo leque de empresas varejistas — embora algumas sejam fortes e até dominem o mercado, outras são mais fracas e menos bem-sucedidas. Contudo, na média, as empresas que fornecem dados para o PIMS têm uma probabilidade um pouco maior de serem jogadoras com maior cacife em seu mercado.[6]

A relação entre gasto com propaganda e participação no mercado

Para identificar a relação entre as mudanças no gasto com as mudanças na participação no mercado, nós novamente analisamos os dados em termos de estratégias de gastos das várias empresas. Como demonstra a Ilustração 9.3, aquelas que reduziram seus orçamentos durante a recessão atingiram uma participação muito menor do que as concorrentes mais agressivas. Por outro lado,

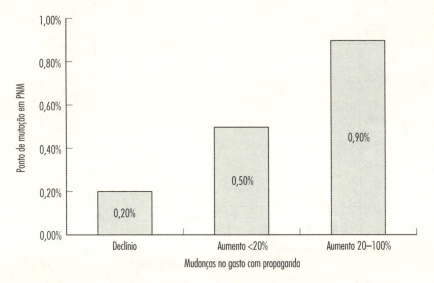

Ilustração 9.3 Mudanças na participação em relação ao gasto com propaganda durante recessão

os varejistas que aumentaram o gasto conseguiram ganhos significativos em termos de participação no mercado.

Vale notar que, enquanto parece haver oportunidades para ganhar participação e se tornar cada vez mais competitivo durante uma recessão, fica mais difícil conseguir ganhos em participação quando os mercados se *expandem*. Isso é demonstrado na Ilustração 9.4, que revela o elo entre mudança nos investimentos em propaganda e participação quando os mercados se expandem.

Os varejistas que diminuem seu gasto durante uma expansão do mercado perdem participação, ainda que ligeiramente; na média, eles sofrem uma queda de um décimo de ponto percentual. Aqueles que aumentam seu gasto acima de 20 por cento quando o mercado se expande aumentam a participação média, mas apenas em meio ponto percentual. Em outras palavras, a possibilidade de ganhar participação por meio da incrementação da propaganda parece ser maior quando o mercado como um todo está fraco.

É importante lembrar que as mudanças relatadas, tanto na participação no mercado quanto no retorno do investimento, foram obtidas durante a própria recessão. Outra pesquisa indica que muito — mas de modo algum o total — do impacto da propaganda sobre as vendas é conquistado no ano em que o orçamento é gasto.[7] Contudo, o impacto principal sobre os ganhos na participação se traduz em ganhos em lucratividade nos períodos subseqüentes.

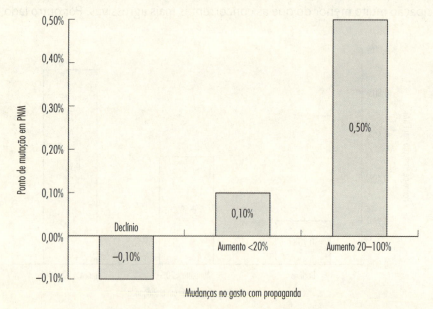

Ilustração 9.4 Mudanças na participação em relação ao gasto com propaganda durante a campanha publicitária

Embora os dados apresentados aqui naturalmente sejam correlativos e não provem necessariamente causalidade, assim mesmo indicam que pode haver algumas oportunidades atraentes de ampliação da participação *durante os períodos em que os negócios se contraem*. Na verdade, os dados sugerem que os varejistas agressivos podem bem descobrir que os períodos recessivos oferecem uma oportunidade única para incrementar a participação e se colocar em posição de vantagem para a recuperação do mercado.

Implicações

Em geral, as empresas ganham lucros reduzidos quando seu mercado está em recessão. Mas aquelas que cortam seus gastos com propaganda durante uma recessão não perdem menos em termos de lucratividade do que aquelas que na verdade aumentam o gasto numa média de 10 por cento. Em outras palavras, cortar o gasto com propaganda para aumentar os lucros a curto prazo não parece funcionar.

O mais importante é que os dados também revelam que um aumento moderado na propaganda num mercado fraco pode melhorar a participação. Existe um corpo de evidências considerável para mostrar que uma participação mais ampla no mercado geralmente leva a um retorno mais alto do investimento.[8]

Para o varejista agressivo, os dados sugerem que, com um aumento mais ambicioso no gasto, embora reduzindo os lucros no curto prazo, pode-se aproveitar a oportunidade proporcionada por uma recessão para aumentar ainda mais a participação no mercado.

A base de dados do PIMS indica que os varejistas que aumentam seu gasto numa média de 48 por cento durante uma recessão conquistam praticamente o dobro dos ganhos em participação do que ganham aqueles que aumentam seus gastos em níveis mais modestos. Embora esse aumento agressivo em propaganda esteja associado a uma queda no retorno do investimento de 2,7 por cento a curto prazo, pode ser aceitável, mesmo assim, para o varejista olhar adiante, para o crescimento pós-recessão.[9]

Notas

1. Como cada empresa contribuiu com dados relativos a um período de no mínimo quatro anos e como as recessões e expansões foram definidas como desvios da tendência normal de crescimento dos setores, cada empresa forneceu pelo menos uma — e com freqüência mais de uma — observação. Assim, a amostra de 749 empresas forneceu um total de 1639 observações.

2. Para os propósitos desta análise, nós definimos os períodos de curto prazo como de um ano. As tendências a longo prazo de um mercado são definidas como relativas a no mínimo quatro anos.
3. O retorno do investimento é calculado antes da dedução de impostos e de juros para o propósito desta análise.
4. Algumas empresas sem dúvida adotaram uma postura claramente agressiva diante de um mercado fraco. Mas é provável que, para outras empresas da amostra, o gasto estivesse comprometido antes dos dados de recebimento de vendas ou de mercado. Isso explicaria por que o número de empresas que aumentaram o gasto é maior do que o de empresas que o reduziram.
5. "The impact of advertising expenditures on profits for consumer businesses" (The Ogilvy Center for Research & Development, 1987).
6. Como o conceito de participação no mercado envolve a noção de "toma lá, dá cá", é importante notar que as médias de participação no mercado descritas aqui se referem mais às empresas estudadas do que a todas as que ingressam em cada mercado específico envolvido.
7. Veja a Leitura 3 (Tabela 2 e Nota 2).
8. Veja Nota 5.
9. R. D. Buzzell e B. M. Gale, *The PIMS Principles*, The Free Press, 1987.

Este capítulo foi adaptado de *Options and Opportunities for Consumer Businesses: Advertising During a Recession*, Alexander L. Biel e Stephen King.
© **The WPP Center for Research & Development, outubro de 1990**

PARTE C

Efeitos sobre o Cliente

Síntese da argumentação: Capítulo 10

- Este capítulo faz uma revisão de alguns dos preceitos históricos que ainda impregnam muito do nosso pensamento sobre propaganda.
- E desafia diretamente algumas dessas normas, além de mostrar que o pensamento atual sobre efeitos mais duradouros e amplos traça um quadro bastante diferente do papel da propaganda no século XXI.

Capítulo 10
A evolução do pensamento acerca de "como a propaganda funciona"

Tim Broadbent

O IPA Advertising Effectiveness Awards celebrou seu vigésimo aniversário no ano de 2000, na virada do milênio. Parece apropriado rever o que esse concurso realizou. Como seria o nosso mundo se essas premiações não existissem?

Consideremos o mundo em que o IPA se lançou. Nos anos 1970 era intelectualmente respeitável proclamar a impossibilidade de se provar que a propaganda funciona, o que era o mesmo que dizer que ela não funciona.

Por exemplo, em 1973 um profissional dos mais conceituados publicou um livro didático chamado *The Business of Advertising*. Ele escreveu: "Os efeitos da propaganda são absolutamente imensuráveis ... A propaganda faz uma contribuição desconhecida para a venda de bens".[1] A questão era que muitas atividades de marketing que não a propaganda afetavam a demanda do consumidor pelas marcas divulgadas, incluindo preço, embalagem, merchandising e assim por diante, além das influências que estavam além do controle do marketing, tais como a da atividade dos concorrentes. Isolar os efeitos da propaganda daqueles do composto de marketing parecia impossível.

Mas essa impossibilidade acarretava seus perigos. Qualquer diretor financeiro poderia concluir que, se eram tão mesclados com os das outras atividades a ponto de serem "imensuráveis", os efeitos da propaganda seriam na melhor das hipóteses diminutos. Gastar dinheiro em propaganda poderia ser visto pelo departamento de marketing como uma questão de pura fé.

Esse era o contexto em que Simon Broadbent deu início a um novo tipo de competição no setor publicitário. O objetivo era coletar os estudos de caso publicados para mostrar que a pesquisa adequadamente usada permitia distinguir a contribuição da propaganda da de outros elementos do composto de marketing e que a propaganda não constituía apenas um custo, mas um fator que auxiliava a gerar lucros para a empresa.

Broadbent estava assim colocando-se em oposição tanto aos ilustres colegas que afirmavam ser "tolice" imaginar que os efeitos da propaganda podiam ser isolados quanto aos setores das empresas que a viam como um mero embuste. Ao que tudo indica, ele estava certo e os outros, errados. As premiações se tornaram parte da ordem estabelecida. Mas é importante entender o quanto foram controvertidas na época.

Existem agora mais de 700 estudos de caso no IPA Effectiveness Data Bank, abrangendo quase todas as categorias já divulgadas por meio de propaganda. Todos estão disponíveis para inspeção no website do IPA: www.ipa.co.uk. Esse acervo não tem nada que se lhe compare e o Reino Unido se tornou o centro mundial de excelência em avaliações. Os estudos de caso demonstram a eficácia das campanhas individuais, fornecendo um benchmarking para o desempenho tanto das agências quanto de suas clientes, além de estabelecerem métodos práticos para se isolarem os efeitos da propaganda.

As metas originais foram atingidas. Nenhuma pessoa razoável, diante de tantas provas, poderia mais afirmar ser impossível mensurar os efeitos da propaganda. Contudo, os Awards continuam. Por quê? Em razão do perpétuo fascínio por ver o que faz um anúncio "funcionar". Os prêmios evoluíram à medida que a compreensão da eficácia se aprofundava.

As pessoas nas ruas — e até mesmo o diretor financeiro de muitas empresas — acreditam que um anúncio funciona quando aumenta as vendas. Nós instintivamente pensamos no retorno em termos de quantas caixas a mais saíram do depósito. Ao agirmos assim, inconscientemente refletimos uma filosofia de propaganda que tem no mínimo 80 anos de existência.

Dois livros publicados em 1923 dominam o modo como se avalia a propaganda: *The Principles of Advertising*, de Daniel Starch (que no mesmo ano fundou o que dizem ter sido a primeira empresa de pesquisa de mercado, vendendo técnicas de pesquisa para avaliação de anúncios que ainda são usadas), e *Scientific Advertising**, de Claude Hopkins.[2] Ambos ofereciam definições idênticas de propaganda: afirmavam tratar-se "da arte da venda em letras impressas".

Isso não significa apenas que a propaganda deve ser persuasiva. Os supermercados não existiam e muitos produtos para o lar eram distribuídos por exércitos de vendedores que iam de porta em porta. Definia-se a propaganda de resposta direta como um canal alternativo de distribuição. Esse ponto é facilmente esquecido agora que a venda de porta em porta sofreu um forte declínio, mas Starch foi explícito: "Seria possível justificar a propaganda, em última análise ... como um agente de concorrência econômica justa na distribuição de bens". Na verdade, a eficácia da propaganda era definida em termos de eficiên-

---

* *A Ciência da Propaganda*, Editora Cultrix, São Paulo.

cia distributiva (percentual de venda por anúncio comparado com o percentual de venda por vendedor), e não em termos de sua contribuição para a empresa, como os Awards hoje a definem.

A referência a "letras impressas" é reveladora. A maioria dos jornais dos Estados Unidos era e ainda é constituída por periódicos locais. A comunicação de massa estava engatinhando: 1923 testemunhou o primeiro filme sonoro e a primeira radiodifusão transatlântica sem fio, enquanto o comercial de TV estava ainda a uma geração de distância. O que se tornou padrão de anúncio na verdade baseava-se nos anúncios de resposta direta na imprensa local.

A propaganda atual, na sua maioria, não distribui bens. Quando um vendedor entra numa casa, seus moradores podem efetuar a compra diretamente. Entretanto, quando um anúncio é exibido na TV, as pessoas não têm como comprar no mesmo momento, apenas quando forem às lojas. As lojas vendem, os anúncios predispõem.

Contudo, quando o marketing chegou à Grã-Bretanha, nos anos 1950, proveniente dos EUA, desembarcou em Newcastle com a Procter & Gamble trazendo essa filosofia na bagagem. Era padrinho da nova mídia, a televisão comercial, embora poucos anúncios de TV sejam de resposta direta.

Os estudos de caso nos primeiros anos dos Awards seguiam o velho padrão: isolavam o efeito da propaganda sobre os volumes de venda a curto prazo. Mas esse padrão não explorava tudo o que a propaganda podia fazer pelas empresas. Um novo critério foi introduzido em 1990. A pesquisa por efeitos "mais duradouros e mais amplos" havia começado.

Era um prenúncio. A pesquisa nos anos 1990, empregando os métodos de fonte única e painéis, mostrava que a maioria dos anúncios de fato "vendia" a curto prazo, mas que a média de aumento das vendas no curto prazo das marcas que contavam com suporte contínuo era demasiado pequena para garantir um retorno lucrativo.[3] Adotando-se o critério da resposta direta, pode-se considerar um desperdício a maior parte do dinheiro gasto em propaganda. Os Awards comemoraram sucessos atípicos, que não refletiam o que a maior parte da propaganda faz na maioria das vezes.

A categoria "durabilidade e amplitude" dos Awards convidou autores de campanhas para demonstrarem os seus efeitos na construção da marca. A propaganda não se limita a fazer as caixas saírem dos estoques, mas também diferencia as marcas, o que cria clientes fiéis e dispostos a pagar preços mais altos. As marcas são verdadeiras máquinas que garantem ganhos de qualidade em margens elevadas — e podem valer muitas vezes mais do que os bens tangíveis da empresa. O papel clássico da propaganda, que consiste em agregar valor, tem sido negligenciado.

Um novo tipo de avaliação emergiu em resposta ao desafio. Em vez de apenas considerar os efeitos sobre a venda de um único anúncio, os autores examinaram os efeitos "mais duradouros" de anos de investimento em propaganda. Os retornos podem ser extraordinários. Alguns estudos estimaram que o dispêndio com propaganda geraria um retorno vinte vezes maior. A propaganda "funcionava", mas de outro modo que não o das respostas a curto prazo avaliadas até então.

Uma terceira evolução dos Awards teve lugar no final dos anos 1990. Os escritores foram incentivados a investigar os múltiplos (ou "mais amplos") efeitos da propaganda. Diferentemente das outras comunicações de marketing, tais como mala-direta, os anúncios veiculados pelo rádio são ouvidos também por segmentos que não os do público-alvo. Trata-se de um desperdício? Ou será que alcançar audiências de não-consumidores oferece benefícios inesperados?

Os Awards contêm muitos exemplos da grande rentabilidade que os efeitos múltiplos podem gerar. A maioria das empresas não vende diretamente para os consumidores finais, mas a intermediários, como os varejistas. E constatou-se que a propaganda é responsável por um terço ou mais do retorno total auferido pelos intermediários. Os benefícios também se estendem a outros importantes grupos interessados, como por exemplo os parceiros comerciais e a City. Essas fontes adicionais de retorno, invisíveis para a pesquisa de consumidor, nem por isso são menos reais.

Podemos traçar aqui uma analogia com a astronomia. Há milênios a humanidade perscruta os céus, mas nos primórdios as observações se restringiam ao que se podia enxergar a olho nu. Foi só quando Galileu construiu o primeiro telescópio que se pôde descobrir que o universo era muito mais vasto do que jamais se havia imaginado. Mais do que isso, verificou-se que a maioria dos astros difundia energia com comprimentos de onda fora do espectro de luz visível. Os astrônomos de hoje usam radiotelescópio e telescópios ultravioletas, de raios X e raio gama. Novas formas de olhar demonstraram que existe mais para se ver do que sonham os olhos humanos.

Similarmente, os Awards vêm mostrando que a propaganda pode gerar um retorno muito mais multifacetado do que sonhava o nosso padrão. Espera-se que mais pesquisadores de propaganda ergam seus olhos do curto prazo e desenvolvam novas técnicas que, como os novos tipos de telescópio, olhem para um universo mais amplo e mais profundo. Os autores têm demonstrado que a propaganda cria valor em pontos não examinados pela pesquisa convencional.

Quanto à comunidade de clientes, a pesquisa elaborada em 1998 mostrou que 51 por cento dos membros do ISBA afirmaram considerar os Awards "úteis para justificar o gasto com marketing e propaganda" (até 29 por cento em

1994).[4] A mensagem está sendo comunicada, mas é preciso que continuemos a trabalhar nesse sentido.

Outra pesquisa revelou que os diretores financeiros ainda não encaram o marketing como algo essencial. Em 1999, 83 por cento afirmaram que era demasiado difícil avaliar a eficácia de seus gastos com marketing e que, se os custos da empresa estivessem sob pressão, a maioria cortaria primeiro os orçamentos de marketing e propaganda.[5]

Isso reflete uma perda do foco sobre o consumidor por parte da diretoria. Apenas uma empresa em cada três informa os índices de satisfação do cliente à diretoria, embora duas em cada três a avaliem.[6] Mas é desapontador descobrir que o mito dos anos 1970 de "imensurabilidade" ainda está vivo e forte entre os responsáveis pela alocação de recursos.

Para concluir, podemos resumir a história dos Awards como a revelação progressiva dos efeitos da propaganda. Suas duradouras conquistas provam que é possível isolar a influência da propaganda. Justificando-se plenamente o dispêndio, a propaganda já pode ter seus efeitos classificados na categoria "comprovados" em vez da categoria "imensuráveis", se houver interesse em proceder à avaliação.

Em segundo lugar, essa premiação tem demonstrado que uma avaliação abrangente do retorno da propaganda deve incluir não apenas as vendas, mas também a construção de marca e os seus efeitos múltiplos (tais como comandar um preço mais alto e conquistar o suporte de intermediários).

Os Awards têm estimulado um novo modo de pensar sobre o que a propaganda faz pelos clientes, além de incentivar novas maneiras de mensurar e avaliar seus efeitos. O trabalho prossegue, mas o mundo do marketing e da propaganda seria hoje mais pobre sem esses prêmios.

Referências

1. Jones, R., *The Business of Advertising*. Longman, 1973.
2. Starch, D., *The Principles of Advertising*. Chicago, 1923. Hopkins, C., *Scientific Advertising*. Nova York, 1923.
3. Roberts, A. "Advertising's short term effects", *Admap*, 359, 1996. Jones, J. P., *When Ads Work*, Lexington Books, 1995.
4. *IPA Monitor of advertising effectiveness*, IPA, 1998.
5. *Finance Directors survey*, IPA, 2000.
6. Ambler, T., *Marketing and the Bottom Line*, Pearson Education, 2000.

Síntese da argumentação: Capítulo 11

> A retenção relativa explica melhor os lucros do que a participação no mercado, a economia de escala, a posição de custo ou quaisquer outras variáveis usualmente associadas à vantagem competitiva. (Bain & Co., citado em *The Loyalty Effect*, Reichheld)

O valor da fidelidade dos clientes é cada vez mais reconhecido. O que em geral se compreende menos é de que modo se obtém e cultiva essa fidelidade e o papel potencialmente vital que a propaganda desempenha nesse processo.

Eis aqui alguns dos muitos benefícios que exercem impacto tanto sobre as organizações quanto sobre as marcas:

- Maior certeza em relação ao futuro — os planejamentos podem prever vendas e lucros com um nível maior de confiança.
- Avaliação mais realista da marca — valoriza o provável desempenho futuro e a provável capacidade de se defender dos novos concorrentes ou das iniciativas dos já existentes.
- Gerenciamento do custo do cliente — mais clientes fiéis facilitam o gerenciamento da empresa. Os custos relativos da obtenção de novos clientes em comparação com os custos de manutenção dos antigos variam de 5 vezes a 20 vezes, dependendo do setor do mercado. Não é preciso dizer muito aos compradores que voltam — e esses apresentam maior propensão a perdoar erros ou lapsos nos serviços prestados.
- Resposta favorável mais rápida diante de uma nova variável ou de uma gama extensa de variáveis por se dispor de uma base de compradores já pronta.

Capítulo 11
Como a propaganda afeta a fidelidade do cliente

Andrew Crosthwaite

As forças que se aliam contra a fidelidade

Na maioria dos mercados, a tendência é estreitar os laços entre o consumidor e as marcas. Na verdade, pode-se argumentar, quando falamos sobre relacionamento com a marca, deveríamos referir-nos a uma relação de familiaridade. O desenvolvimento da *individualidade* conferiu um caráter algo pejorativo ao apego rígido a uma escolha — comprar sempre o mesmo modelo de carro, viajar sempre para o mesmo lugar.

A pletora de produtos na maioria dos mercados de bens de consumo implica que a segmentação das necessidades tem como contrapartida o crescimento das opções, fazendo que a compra seja mais impulsionada pelo conjunto de alternativas — as variedades de creme dental aumentaram cinco vezes nos últimos 10-15 anos. Na Tabela 11.1, compara-se a penetração, nos anos de 1992 e 1997, de marcas líderes aleatoriamente selecionadas. Em praticamente todos os casos, não só a base de usuários falhou, como também falhou o percentual de usuários que a tinham como marca "mais freqüente".

Ironicamente, os varejistas conduzem experimentações e depois se queixam da queda da fidelidade. Isso está no âmago do desejo de que, paradoxalmente, os clientes dos outros sejam infiéis enquanto os nossos permanecem leais.

Transformação e não substituição da marca

Como a maioria dos varejistas opera em termos de repertório de produtos, as mudanças no comportamento tendem a resultar de pequenas mudanças a longo prazo.

Tabela 11.1 A penetração de marcas líderes selecionadas aleatoriamente — em 1992 e em 1997

Categoria	Penetração 1992	Penetração 1997
Cereal matinal	43%	34%
Filtro solar	24%	20%
Limpeza doméstica	40%	29%
Papel higiênico	48%	42%

Fonte: Target Group Index BMRB International

As mudanças na preferência decorrem de:

- falta de disponibilidade (um sinal sutil e inconveniente de que a marca está menos "presente")
- perda de confiança nas características de desempenho
- a sedução das "novidades" oferecidas por um rival
- mudanças de preço no mercado

e se caracterizam por

- cliente experimentando repetidamente uma alternativa (em geral de modo esporádico)
- mudanças na participação de vendas ao longo do tempo

mas também sofrem influências:

- se a mudança tiver caráter de alto ou baixo risco (financeiro, tempo, reputação) ou se for sazonal (veja Ilustração 11.1).

Ilustração 11.1 Mapeamento do risco da erosão da fidelidade

Como mensurar a fidelidade?

Participação de vendas da categoria ou manutenção do número de usuários é um enfoque óbvio e, para muitas empresas, o único critério de avaliação adotado. Um indicador de fidelidade que seja exclusivamente derivado das vendas pode mascarar algumas verdades nada palatáveis e não servir de guia para o desempenho futuro ou, pior ainda, induzir a erro. Nos anos 1970, certa marca italiana de carro apresentava um alto nível de repetição da venda ("fidelidade"). Na verdade, os problemas de corrosão resultaram num valor de revenda tão ruim que a única maneira de se conseguir comprar um carro novo era trocá-lo por outro da mesma marca.

Muitos clientes de instituições financeiras são externamente fiéis em seu comportamento, mas se sentem extremamente insatisfeitos. O que impede o êxodo desses clientes em geral é apenas o incômodo de mudar de instituição ou a crença de que "são todos iguais". Na verdade, um quinto dos clientes de um determinado banco pode ter atitudes mais favoráveis em relação a outro banco qualquer. Com efeito, nesse mercado, os clientes buscam *ativamente* relacionamentos múltiplos para evitar colocar todos os ovos no mesmo cesto, escolhendo três ou quatro diferentes instituições em média para abrir conta-corrente, poupança, obter financiamento habitacional, fazer plano de previdência etc.

Mesmo num mercado conservador como esse, o rompimento pode ser abrupto quando um produto atraente é oferecido de modo inovador. Em 1996 e 1997, o First Direct ganhou participação de 25 por cento de todas as contas-correntes que migraram de um banco para outro, a despeito de ter apenas 2 por cento do mercado total. O que se pode presumir é que uma marca pode ser vulnerável à iniciativa de concorrentes quando não conta com uma base suficientemente forte de boa vontade ou afinidade emocional ou confiança por parte dos clientes.

Definição de fidelidade verdadeira

A "fidelidade verdadeira" vai além do mero comportamento fiel, constituindo um indicador do grau de proximidade e afinidade que os clientes têm em relação a marcas ou empresas, que pode ser avaliado de inúmeras maneiras (veja Ilustração 11.2). Esse modelo foi desenvolvido por Millward Brown, baseado em questionário de pesquisa que permite a mensuração dos pontos fortes e fracos da marca em diferentes níveis de envolvimento do consumidor:

- Presença é o pré-requisito para consideração
- Relevância é a porta de entrada para a consideração ativa
- Desempenho é uma avaliação da aptidão da marca para as necessidades do consumidor
- Vantagem é o grau em que as necessidades são satisfeitas em comparação com as outras opções disponíveis (obviamente isso variará de acordo com o estado de espírito e a ocasião)

- O grau em que essas percepções se transformam em sensação de proximidade ou de comprometimento com a marca.
- Os clientes que desenvolvem laços podem constituir apenas uma pequena parcela da clientela de uma marca — mas é provável que representem um percentual elevado da receita da marca. A Ilustração 11.3 mostra o percentual da receita bruta atribuída a consumidores que criaram laços em quatro categorias de produtos embalados do RU — chá, café, laticínios e cremes dentais.

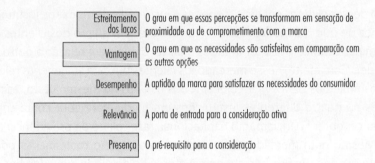

Ilustração 11.2 A Pirâmide Dinâmica da Marca. Fonte: Adaptação de modelo de Millward Brown

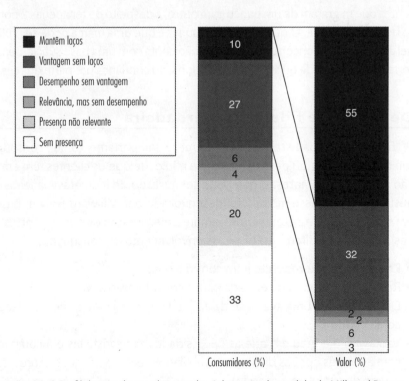

Ilustração 11.3 Perfil de atitudes e valor gerado. Adaptação de modelo de Millward Brown

Principais descobertas sobre Dinâmica de Marca e Construção de Marca

- As marcas que obterão participação no mercado ao longo do tempo provavelmente são aquelas que atualmente têm mais do que o seu quinhão de clientes com quem mantêm laços (veja Ilustração 11.4).
- As marcas que têm um alto percentual de vendas resultantes apenas da presença dos consumidores e que não sentem que oferecem qualquer vantagem em particular — seja racional, emocional ou de proeminência:
  — sofrerão no mercado
  — trabalharão arduamente para justificar um preço elevado
  — serão vulneráveis à atividade bem-sucedida de suas concorrentes.

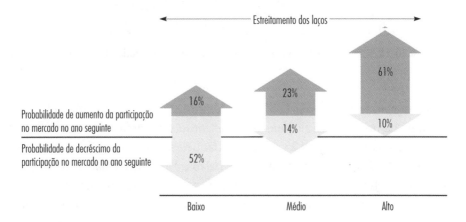

Ilustração 11.4 Um elo comprovado entre a imparcialidade do consumidor com base nos níveis de estreitamento dos laços e em mudanças na participação no mercado. Fonte: Millward Brown.

É possível calcular se foi pelo seu porte, familiaridade e relevância que uma marca conquistou mais do que o seu quinhão em cada nível da pirâmide. Princípios semelhantes são demonstrados pelo "Construtor de Marcas", modelo desenvolvido por The NPD Group nos EUA (veja Ilustração 11.5), que segmentou 4.000 compradores de 27 marcas em três níveis de fidelidade:

— altamente fiéis
— moderadamente fiéis
— pouco fiéis/não-compradores.

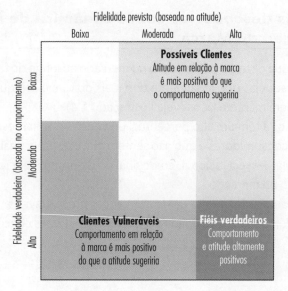

Ilustração 11.5 Modelo de Fidelidade de Comportamento e de Atitudes. Fonte: The NPD Group

Um ano mais tarde, 60 por cento dos clientes que eram altamente fiéis e que também demonstravam alta *fidelidade de atitudes* à marca ainda eram compradores fiéis, contra apenas 25 por cento daqueles com o mesmo nível de comportamento de compra, mas um *índice baixo de atitudes* à marca. Foram definidos dois grupos: "Possíveis clientes", cujas atitudes eram mais favoráveis à marca do que seu comportamento de compra; "Vulneráveis", cujo comportamento mostrava maior comprometimento do que suas atitudes. Em dois terços dos casos, a participação no mercado das marcas que tinham mais "Clientes Vulneráveis" do que "Possíveis clientes" caiu ano a ano; já a participação no mercado daquelas que contavam com mais "Possíveis clientes" do que com "Clientes Vulneráveis" se ampliou.

A propaganda no contexto de outra comunicação

Enquanto a atividade promocional freqüentemente é vista como uma ferramenta tangível, com freqüência se subestima o papel da propaganda como gerador de fidelidade, que consiste em trabalhar arduamente e produzir resultados (ou não, conforme o caso). "A boa propaganda pode moldar a personalidade da marca, mas apenas o marketing direto pode construir relacionamentos ininterruptos e duradouros." (Fonte: Wunderman)

Contudo, muitos dos amplamente reconhecidos benefícios de uma campanha publicitária eficaz exercem impacto *diretamente* sobre a fidelidade do consumidor e, em decorrência, sobre o desempenho da marca, sobre sua lucratividade e valor. Existem muitas maneiras de se ampliar a fidelidade de *comportamento* dos consumidores. Contudo, preço e outras atividades promocionais apresentam inúmeras desvantagens:

- A tendência é mudar os atributos funcionais, em vez de se obter um conjunto mais rico de crenças ou associações que possam sustentar uma mudança de escolha a um prazo mais longo — o retorno é limitado.
- A fidelidade se deve a uma mecânica de preço, ponto ou promoção e não a reais benefícios percebidos da marca.
- Os "esquemas de fidelidade" só funcionam quando se proporciona um benefício tangível melhor que o dos concorrentes e relevante para a essência da oferta da marca. 74 por cento dos adultos possuem no mínimo um cartão de fidelidade, sendo que um quarto deles possui três ou mais.
- O AGB's Superpanel indica que, do total de titulares de cartões de supermercados, cerca de um terço é apenas "fracamente fiel" à loja em questão e, embora façam visitas mais freqüentes em linhas gerais, os titulares de cartão na verdade não gastam mais do que os que não o possuem. (Em outras palavras, os clientes estão recebendo dinheiro para fazer o que já faziam.)

Propaganda e criação de fidelidade de atitude

O estreitamento dos laços e a afinidade são impulsionados por diversos fatores e sua importância relativa varia de categoria para categoria. Contudo, muitos estudos indicam que a propaganda pode desempenhar um papel-chave no desenvolvimento dessas áreas vitais:

- Superioridade percebida do produto — é cada vez mais difícil, para uma marca, estabelecer e sustentar uma vantagem genuína com base no produto. Contudo, a propaganda tem o poder de moldar, canalizar e amplificar a percepção dos consumidores em relação ao que a marca realmente proporciona.
- Afinidade emocional com a marca — essa transformação da percepção do produto é um dos efeitos mais substanciais da propaganda — efeito que podemos provar empiricamente em testes cegos *versus* testes de marca. A propaganda é praticamente única em sua capacidade de traçar personalidades e determinar o posicionamento para as marcas. Tudo isso pode, além de realçar a experiência de uso, fornecer os ganchos que fazem os consumidores sentirem que aquela marca é emocionalmente "a mais adequada para eles".

- Respeito e *status* elevados — a propaganda é também uma força poderosa para construir e manter o *status* da marca no mercado.

O importante é que, em muitos casos, isso vai além do alvo imediato da comunicação. Uma das avaliações críticas do *status* de uma marca é sua "atratividade" fora da base de usuário imediata. A propaganda freqüentemente é criticada pelos que advogam comunicações mais estreitas e a consideram um "desperdício". Contudo, é o efeito halo criado por sua ubiqüidade que pode elevar a avaliação de uma marca aos olhos até mesmo daqueles que, por exemplo, não dispõem de meios para adquiri-la.

A fidelidade é transacional — tem de ser ganha. A menos que o cliente embarque num relacionamento de longo prazo com uma profunda motivação, é provável que a relação se torne superficial, caracterizada por encontros esporádicos. Um aspecto vital de se impulsionar a preferência por uma marca (o que, em última análise, constitui o motor da fidelidade e a força da marca) é o padrão complexo de crenças dos consumidores. Como não existem dois indivíduos iguais, também as impressões sobre a marca mudam de pessoa para pessoa. As proposições da marca que se expressam criativamente pelos meios de propaganda são uma maneira muito poderosa de moldar essas impressões, bem como as crenças do consumidor, por meio da *experiência compartilhada* de uma empresa ou marca.

É esse processo de aproximação do cliente, por meio de envolvimento e de uma crença na superioridade, que produz um diferencial real da marca.

Não se está sugerindo que a propaganda é o único modo de construir uma relação de comprometimento, mas sim que, lançando as fundações e interagindo com outros elementos do planejamento de marketing, é possível gerar resultados que apresentam uma eficiente relação custo-benefício. As Ilustrações 11.6-11.8 fornecem provas extraídas do IPA Data Bank, uma coleção de estudos de caso que se estendem ao longo de duas décadas, mostrando exemplos claros de alguns desses princípios na prática.

Sumário e conclusões

Os benefícios da fidelidade do cliente podem ser rastreados por meio do balanço da empresa. Os níveis de fidelidade são um indicador da saúde da marca tanto no momento examinado quanto a longo prazo. Isso é vital para todos e não só para o pessoal da área de marketing. Pode-se argumentar que observar esses indicadores é responsabilidade de cada chefe executivo ou do diretor financeiro e não apenas do departamento de marketing.

A fidelidade é um tema complexo. As pessoas não estão dispostas a serem fiéis em qualquer aspecto de sua vida e o uso de marcas não é exceção. Na verdade, as forças do mercado recompensam positivamente e promovem laços frouxos e descomprometidos com as marcas. O resultado é que os marqueteiros gastam seu tempo tentando incentivar a fidelidade dos seus próprios clientes... e a promiscuidade dos clientes dos outros. Conseqüentemente o resultado é que, em muitos mercados, a prática normal é perder metade dos clientes de um ano para o outro. Essas mudanças não acontecem da noite para o dia, mas resultam de mudanças graduais nas crenças e no comportamento, que podem passar despercebidas até ser tarde demais.

Contudo, avaliar a fidelidade vai além da simples análise do comportamento do comprador, que, a menos que baseada em painéis contínuos, que enfrentam seus próprios problemas de presença dos participantes, pode mascarar tanto quanto revela.

Assim como as marcas só existem na mente dos consumidores, a verdadeira fidelidade é resultado de sentimentos tanto quanto de comportamento. Este capítulo apresenta três exemplos de processos de pesquisa, todos reconhecendo que é necessário que a fidelidade e os laços façam parte de um processo holístico de pesquisa. Embora todos tenham caráter quantitativo, os exemplos citados dependem de uma compreensão profunda das motivações do consumidor, tanto no nível do setor quanto da marca.

O papel da propaganda na geração de fidelidade tende a ser diminuído em muitos estudos e a balança tem pendido para áreas de comunicação que ope-

Problemas	Indicadores de fidelidade
• Invasão do mercado de cremes dentais de marca por dentifrícios de rótulo do varejista • Vulnerabilidade das marcas líderes em razão da crença cada vez mais arraigada dos consumidores de que "todos os cremes dentais são iguais"	• Em área de peso maior, crescimento da penetração em dois anos de 47% a 50% • Uso exclusivo da marca entre os usuários subiu de 31% para 40%
Ação	**Resultado financeiro**
• Defesa por meio de ataque • Impulsionamento da vantagem competitiva via endosso explícito de odontologistas • Fortalecimento da identidade da marca por meio de gráficos • Foco no diferencial empírico	• No RU, a Colgate excedeu em 25% outros cremes dentais de marca em termos de excelência de desempenho • As ações subiram ao nível mais elevado de 30% O valor da ação da Colgate no RU subiu 12% ao longo de dois anos. No resto da Europa, sem campanha institucional, o valor da ação caiu 4% • Gerou-se um lucro três vezes maior do que o investimento em propaganda, em adição à importância estratégica de manter-se forte enquanto as outras marcas perderam terreno para os cremes dentais de rótulo dos varejistas.

Ilustração 11.6 Colgate: fidelidade crescente em circunstâncias adversas

Problemas

- Vendas e participação no mercado em declínio
- Veículos Volkswagen percebidos como mais caros do que na realidade
- Margem sendo corroída por revendedores cada vez mais pessimistas diante da necessidade de aumentar o percentual de vendas, contando com uma base relativamente baixa de possíveis clientes
- Lucratividade geral reduzida em toda a cadeia

Ação

- Transferir as verbas destinadas a incentivos nos pontos de venda para a comunicação com o consumidor
- Meta da VW de atratividade crescente, desse modo impulsionando a demanda
- Tema "Preços surpreendentemente baixos" para amplificar a percepção de que o carro estava ao alcance do bolso de todos e valorização do dinheiro do comprador, com relação à necessidade

Indicadores de fidelidade

- Declínio de 20% para 5% de possíveis compradores promíscuos e com atitude voltada para barganhas (aqueles menos prováveis de continuar com a marca, clientes com menor probabilidade de serem rentáveis a longo prazo)
- Os próprios revendedores VW passaram a mostrar o mais alto nível do setor de satisfação com a própria franquia

Resultado financeiro

- O mais acelerado aumento nas vendas de carro, independentemente da marca, nos últimos 10 anos
- % de compradores que não recebiam nenhum desconto aumentou de 10% para 27%
- Aumento médio de 10% no preço real pago por cada carro em relação à media do setor
- Aumento de 50% na margem de lucro do revendedor
- Crescimento de 10% em valores residuais e alta de preço no mercado de carros usados (historicamente, quanto mais alto o valor de revenda, maior a intenção de tornar a comprar carro da mesma marca)

Ilustração 11.7 Volkswagen: aumento do lucro ao atrair clientes menos promíscuos

Problemas

- Na época do lançamento, já havia mais de 55 milhões de cartões de "fidelidade" em circulação
- 74% dos adultos tinham um ou mais, com um quarto de proprietários de 3+.
- Dados da AGB mostravam que a diferença entre os que possuíam e os que não possuíam cartão de fidelidade tendia a expressar-se em visitas mais numerosas às lojas e não em maiores gastos
- Pouco uso aparente por parte das empresas constantes nos bancos de dados consultados, contrariando as expectativas

Ação

- Foco da estratégia de propaganda sobre o posicionamento do cartão como uma "rota para a auto-indulgência sem culpa" e não como um instrumento para se economizar dinheiro
- Ligação com a estratégia da marca Boots de elevar o posicionamento do meramente medicinal para o lema "com ótima aparência e se sentindo bem"

Indicadores de fidelidade

- O índice de consumo de cartões duplicou em relação ao da área de teste, onde não se fez qualquer propaganda; o cartão foi promovido na loja via ponto de vendas e estímulo do funcionário do caixa no momento da compra
- 33% de proprietários afirmavam que ter cartão os incentivava a visitar a farmácia com maior freqüência
- 35% estavam comprando coisas que normalmente comprariam em outro lugar (contra 24% de seu cartão principal de supermercado)

Resultado financeiro

- Apenas 29% afirmavam usar o cartão para sacar dinheiro, contra 68% que usavam cartão de supermercado
- Aumento de gasto de 9% em itens de cuidados pessoais e 20% em cosméticos (áreas ressaltadas pela propaganda e estrategicamente impulsionadas para a Boots e para categorias de margens mais elevadas)
- Sucesso do cartão enfatizado no relatório anual como impulsionador da recuperação da empresa

Ilustração 11.8 Boots Advantage Card: uso da propaganda para diferenciar a fidelidade também!

ram num grau maior de proximidade com o cliente, tipicamente cartões de fidelidade.

Contudo, se aceitarmos o princípio de que a verdadeira fidelidade é gerada pela construção de um relacionamento *emocional*, em vez de *mecânico*, com a marca, então a propaganda dirigida ao público certo, construída sobre a verdade da marca e do consumidor, constitui sem dúvida o meio mais adequado para se obter esse resultado.

Leitura complementar

Millward Brown International, *Brand Dynamics*, ver www.millwardbrown.com
Reichheld, F., *The Loyalty Effect*, Harvard Business School Press, Cambridge, MA.
Taylor Nelson AGB, "Grocery Retailing and the Loyalty Card", *Journal of the Market Research Society*, janeiro, 1998.
The NPD Group, *Brandbuilder*, ver www.npd.com/corp/products/product_brandbbldr.htm

Síntese da argumentação: Capítulo 12

- Empresas de bens de consumo que gastam a maior parte do orçamento de marketing em propaganda são mais rentáveis (retorno do investimento) que as que gastam a maior parte do orçamento com promoções dirigidas ao comércio e ao consumidor final.
- A propaganda ajuda a construir marcas fortes.

Capítulo 12
Rentabilidade a longo prazo: Propaganda *versus* promoção de vendas

Alex Biel

Este capítulo aborda a alocação de verbas entre propaganda e promoção de vendas. Nos últimos anos, os profissionais de marketing têm recorrido cada vez mais à promoção de vendas como uma estratégia aparentemente atraente. Embora muitos desses profissionais concordem que os recursos alocados à propaganda representam um investimento a longo prazo para a construção da marca, não existe tanta confiança assim de que ela constitua um instrumento eficaz a curto e médio prazos. Apesar da crença generalizada de que as promoções geram vendas a curto prazo, algumas dessas vendas são simplesmente "roubadas" de compras futuras do mesmo consumidor.

Há uma preocupação de que esta abordagem a curto prazo possa ter efeitos destrutivos a longo prazo. Uma importante questão que os profissionais de marketing devem levantar é se a ênfase excessiva na promoção, na verdade, não corrói o valor percebido da marca.

Se uma marca for oferecida a um preço "especial" com muita freqüência, os consumidores começarão a desconfiar que o preço "especial" é o preço normal da marca — e aprenderão a nunca comprar o produto a menos que esteja com desconto. Não resta dúvida de que precisamos identificar os benefícios da venda promocional. Será que esta estratégia realmente gera lucros, como sugere a crença popular? Ou será que exerce um impacto negativo na receita?

Efeitos do lucro a longo prazo da promoção de vendas

Essas perguntas levaram ao segundo estudo realizado em conjunto pelo Center for Research & Development e o SPI.[1] Desta vez a equipe investigativa do SPI foi chefiada por Robert D. Buzzell, professor de marketing na Harvard Business School. O banco de dados do PIMS também foi usado nesse estudo.

Para este segundo estudo, apuramos ainda mais o banco de dados composto por 749 empresas de bens de consumo para identificar todas as que, de modo geral, utilizavam mecanismos promocionais semelhantes. Isso nos levou a analisar um grupo de 314 empresas de bens de consumo incluídas no PIMS e das quais tínhamos os dados sobre gastos com propaganda e promoção. Promoção de vendas, conforme a definição do PIMS, abrange atividades voltadas para o comércio (as empresas varejistas médias norte-americanas de bens embalados gastam, em média, 60% do orçamento de publicidade em meios de comunicação não-convencionais, ou secundários, com promoções dirigidas ao comércio e 40% com promoções dirigidas ao consumidor final); a maior parte das promoções destinadas ao consumidor está relacionada com preço: ofertas temporárias, brindes, cupons de desconto e abatimentos. Concursos, jogos e sorteios também se incluem nesta categoria.

Para analisar a relação entre as diversas estratégias, de um lado, e o resultado, do outro, o grupo de empresas foi dividido em três partes aproximadamente iguais, com base na distribuição da freqüência dos seus padrões de alocação.

- empresas que adotavam a promoção de vendas como estratégia dominante
- empresas que adotavam uma estratégia mista
- empresas que adotavam a propaganda como o principal veículo de investimento de marketing

As empresas que adotavam a promoção como estratégia dominante foram definidas como empresas que gastavam menos de 36% do orçamento de marketing com propaganda. A empresa média nesse grupo gastava apenas 23% da verba de marketing em propaganda e 77%, em promoção de vendas.

O grupo que adotava a "estratégia mista" na verdade apresentava uma leve tendência para promoções. Este segmento das empresas de produtos de consumo do PIMS gastava entre 36% e 50% da verba de marketing em propaganda. Em média, destinavam cerca de 44% da verba de marketing para propaganda e 56%, para promoções.

O último grupo era formado por empresas que adotavam a propaganda como a principal estratégia. Para ser incluído neste grupo, a empresa tinha de gastar mais de 50% do investimento de marketing em propaganda. A empresa média neste grupo alocava dois terços do orçamento de marketing para a inserção de anúncios na mídia e o restante, para promoções. A Tabela 12.1 apresenta o desempenho de cada grupo.

As empresas que gastavam o grosso dos seus recursos — 76% — com promoção obtiveram um retorno médio de 18,1% (antes do imposto de renda e das despesas financeiras).

As que empregavam a estratégia mista, em que uma média de 44% dos recursos eram gastos com propaganda e 56% com promoções, obtiveram um retorno médio de 27,3%, uma porcentagem consideravelmente mais elevada.

O grupo de empresas que adotavam a propaganda como estratégia dominante — ou seja, que investiam mais de 50% dos seus recursos de marketing em propaganda — registrou o maior retorno de todos, em torno de 30,5%.

Todos os outros critérios de desempenho incluídos na análise, como retorno sobre as vendas e participação no mercado, revelaram padrões semelhantes; mas, como era de esperar, a magnitude das diferenças variava. Observa-se claramente que existe uma relação positiva entre ênfase no investimento em propaganda e rentabilidade. Em contrapartida, as empresas que alocam a maior parte do orçamento de marketing para promoção tendem a obter menores margens de lucro e taxas mais baixas de retorno sobre o investimento.

Tabela 12.1 Proporção do mix de propaganda e promoção em relação ao retorno sobre o investimento (ROI)

Mix de propaganda/promoção	ROI médio (%)
Ênfase em propaganda	30,5
Estratégia mista	27,3
Ênfase em promoção	18,1

O efeito da maior exposição à propaganda

O último indício provém de outra fonte. Estes dados foram colhidos pela Information Resources Incorporated (IRI), um dos mais respeitados institutos de pesquisas dos Estados Unidos. Num experimento altamente controlado, estudou-se o impacto de uma carga maior de propaganda sobre as vendas de produtos de 15 empresas de bens de consumo de grande rotatividade. Durante o período de teste, que teve duração de um ano, o número de comerciais da marca média estudada foi aumentado em 70%.[2]

O "BehaviorScan" da IRI é um sistema de mensuração moderníssimo e altamente tecnológico. Ele controla os anúncios enviados para determinadas casas e monitora as compras efetuadas pelos membros dessas famílias por meio de scanners instalados no caixa de lojas. Desse modo, é possível fazer uma comparação entre as famílias expostas a um número maior de comerciais e um grupo de controle exposto ao número normal de comerciais.

Como mostra a Tabela 12.2, o aumento médio nas vendas entre as famílias submetidas à pressão da propaganda adicional durante o ano de teste foi de 22%. Nada mal, mas a história não pára por aí.

Depois de um ano de teste, a propaganda extra foi suspensa. No ano seguinte, ambos os grupos — o grupo que fora exposto a um nível mais elevado de propaganda e o grupo de controle — foram submetidos exatamente ao mesmo nível de pressão publicitária das marcas testadas.

Um ano após o teste, as vendas entre as famílias que receberam uma carga publicitária maior continuavam mais altas. Essas famílias, em média, compraram 17% a mais que as famílias que receberam o nível básico de publicidade. No terceiro ano — dois anos depois do teste — as famílias que receberam uma carga publicitária maior ainda consumiam 6% a mais da marca testada que o grupo de controle. Tudo indica, portanto, que a maior pressão publicitária exerceu um efeito duradouro, além do efeito imediato.

Em outra análise da rentabilidade de mais de 60 promoções dirigidas ao comércio, em que foi empregada a mesma tecnologia para a coleta de dados, a IRI descobriu que, de modo geral, apenas 16% das promoções foram compensadoras. Além disso, no caso de marcas estabelecidas, os efeitos a longo prazo tendiam a ser negativos, de um lado por causa do hábito que os compradores fiéis têm de fazer estoque do produto e, de outro, por causa dos compradores em "treinamento" que costumam aguardar ofertas.

Tabela 12.2 Aumento das vendas induzido por propaganda durante três anos

Ano	Aumento médio das vendas (%)
Ano do teste	22
Primeiro ano após o teste	17
Segundo ano após o teste	6
Total cumulativo	45

Conclusões

Os diversos estudos realizados pelo PIMS e pelo IRI levaram a uma série de conclusões.

Em primeiro lugar, quando analisamos a propaganda isoladamente, vemos que ela faz uma contribuição direta mensurável nos aspectos de qualidade percebida e participação no mercado, que produzem rentabilidade.

Em segundo lugar, o efeito da propaganda sobre as vendas parece extrapolar o seu período de veiculação.

Em terceiro, quando analisamos separadamente o modo como essas empresas alocam suas verbas para promoção de vendas e propaganda, vemos que as empresas que privilegiam a propaganda desfrutam um retorno maior sobre o capital investido.

Por fim, identificamos uma relação significativa entre as alterações na fatia de mercado e as alterações nos gastos com publicidade, mas não entre as alterações na fatia de mercado e as mudanças promocionais. Não resta dúvida de que, além de aumentar os lucros anuais, o capital investido em publicidade também constrói marcas fortes.

O design do produto, a embalagem, o trabalho de relações públicas, as promoções de vendas, a experiência de marca e a propaganda boca a boca contribuem para aumentar — ou, em alguns casos, diminuir — esses valores. Mas, tradicionalmente, a propaganda tem desempenhado um papel primordial na modelagem e definição da imagem de marcas fortes.

As evidências extraídas do PIMS mostram que a propaganda contribui sensivelmente para a rentabilidade da marca. Essa contribuição ocorre no ano em que o orçamento de publicidade é despendido, portanto há um atraente retorno a *curto prazo*.

Os dados do IRI também foram apresentados, entretanto, mostrando que o efeito da propaganda continua a produzir aumento nas vendas nos primeiros anos após o investimento: um retorno a longo prazo que representa um benefício adicional muito bem-vindo.

A propaganda produz esses resultados ao agregar valor aos produtos e serviços. Ela transforma os produtos e serviços em marcas fortes que têm maior alavancagem entre os revendedores; marcas que podem apropriar-se antecipadamente da verdade; marcas que desfrutam um nível mais elevado de fidelidade; marcas mais condescendentes com os proprietários que vez ou outra cometem um deslize; marcas que geram maiores margens de lucro e resistem mais à concorrência de preços; marcas que podem ser ampliadas.

A propaganda constrói marcas de maior significado para o consumidor e que, em princípio, podem ser permanentes. Em outras palavras, o que a propaganda faz é construir marcas fortes.

Referências

1. The Ogilvy Center for Research and Development, "Advertising, sales promotion and the botton line", 1989.

2. Abraham, M., "Fact base design to improve advertising and promotion productivity", *Proceedings, 2nd Annual ARF Advertising and Promotion Workshop*, 1990.

Síntese da argumentação: Capítulo 13

- São propostas quatro metáforas que ressaltam o poder extraordinário da propaganda no mix total de comunicação.
  — *Propaganda como DNA*: um código ou imprint, cujo comportamento é transmitido, por herança ou aprendizado, para outros canais de comunicação.
  — *Propaganda como cola*: que une todas as diversas partes do mix de comunicação.
  — *Propaganda como lente de aumento*: que amplia, fortalece e torna mais eficaz as outras partes do mix de comunicação.
  — *Propaganda como megafone ou sistema de pronunciamento público*: uma lufada de encorajamento que movimenta todas as partes do mix.
- Entretanto, ao explorar o modo como a propaganda pode atuar no mix total de comunicação, exploramos inevitavelmente a visão dominante e prevalecente da propaganda: o paradigma. Analisando os últimos 15 anos, identificamos duas fases distintas no desenvolvimento do paradigma.
- Atualmente, estamos entrando na terceira fase do paradigma, em que a propaganda começa a demonstrar uma nova crença em si própria. A primeira fase foi caracterizada por uma confiança que beirava a arrogância (final da década de 80 a meados da década de 90), seguida, após uma queda vertiginosa na confiança, por uma fase de dúvidas e crise (meados da década de 90 a 2000).
- A propaganda passou por mudanças em conseqüência dessa jornada. Com certeza emergiu mais humilde e, possivelmente, mais forte. Uma das principais mudanças em relação ao passado é a visão que se tem hoje em dia de que a propaganda desempenha diversos papéis importantes que interagem com outras partes do mix de comunicação, em vez de atuarem isoladamente.
- A propaganda não corre mais o risco de extinção, como alguns previam em meados da década de 90, pois está demonstrando que pode se adaptar e mudar.

Capítulo 13
Como a propaganda opera no mix de comunicação como um todo

Malcom White

Análise retrospectiva dos últimos quinze anos

Acaba de me ocorrer que trabalho em agências de publicidade há quase três décadas: os últimos anos da década de 80, a década de 90 e, agora, os primeiros anos do novo século.

Fazendo uma análise retrospectiva desse período, parece-me que houve uma mudança na visão dominante ou prevalecente da propaganda. As grandes preocupações do final da década de 80 atualmente foram substituídas por outros tipos de preocupação. Por exemplo, quem imaginaria, naquela época, que o papel central da propaganda no mix de marketing seria questionado?

As mudanças nas visões preponderantes da propaganda ao longo desse período relativamente curto manifestaram-se nas diversas proposições apresentadas pelas novas agências de publicidade, na declaração de missão revisada das agências atuais e nas formas pelas quais a propaganda tem sido descrita por jornalistas e acadêmicos. Olhando de dentro para fora, essas mudanças também foram caracterizadas por mudanças na linguagem e no jargão utilizado no setor. Como diz Charles Handy, "as palavras são os clarins da mudança".

Entre o final dos anos 80 e os anos 90, houve duas fases distintas, cada uma delas caracterizada por um paradigma diferente. No cerne de cada paradigma está uma visão do papel desempenhado pela propaganda na construção da marca, mais central ou mais periférico, e uma perspectiva de como a propaganda se relaciona com as partes do mix de marketing e do mix de comunicação. Cada novo paradigma não invalidava o precedente, mas, sim, relegava-o a um nível inferior de importância.

No período compreendido entre o final da década de 80 e o início da década de 90, o grau de autoconfiança da propaganda beirava a arrogância. Essa foi uma época de grande expansão em termos de gastos com publicidade, impulsionada, pelo menos em parte, pelos gastos que estavam por trás das numerosas privatizações. Um sinal igualmente revelador, porém mais sutil, dessa autoconfiança foram as mudanças efetuadas, em 1990, para os prestigiados prêmios concedidos pelo IPA (IPA Advertising Effectiveness Awards). Essas mudanças estimularam a realização de estudos de caso que puderam comprovar os efeitos mais amplos e mais duradouros, ou de construção da marca, da propaganda, e não apenas os efeitos de vendas a curto prazo. Poder-se-ia até mesmo dizer que nessa fase havia uma visão sobre construção de marca, e até mesmo de marketing, centrada na propaganda. A propaganda tinha um papel preponderante em relação aos outros componentes do mix de comunicação (se é que esse conceito existia naquela época). A propaganda era independente, estava literalmente "por cima", e as outras, "por baixo".

Durante e após a recessão do início dos anos 90, a verba para propaganda nos orçamentos de marketing sofreu uma redução progressiva, à medida que uma quantidade maior de recursos era aplicada em marketing direto, relações públicas e outros canais de comunicação. A decisão de Heinz, em 1995, de não mais utilizar os principais meios de comunicação de massa para a criação de marcas, mas, sim, de lançar mão de marketing direto para estabelecer relações com os consumidores, foi a *cause célèbre* dessa mudança. Até mesmo os comentaristas mais comedidos, como The Henley Centre, ficaram um pouco histéricos: "Será que a propaganda dos meios de comunicação de massa se transformará no primeiro dinossauro da era da informação?",[1] perguntavam eles. Como resposta a essas tendências, muitas agências de publicidade ampliaram o seu leque de ofertas de modo a incluir design, marketing direto e relações públicas, e começaram a falar sobre uma estratégia integrada. O espírito da época foi captado pela consultora de marcas Judie Lannon, que escreveu em 1996:

> A propaganda dominou durante décadas..., mas o seu domínio atualmente está sendo questionado, pois as empresas passaram a encarar suas estratégias de comunicação de modos muito mais abrangentes. Isso exige que as pessoas planejem essas atividades de modo a abordar um outro conjunto de questões. Em primeiro lugar, o problema não se restringe à pergunta "Como funciona a propaganda?". Se a propaganda é apenas parte do plano global de comunicações, a próxima pergunta deve ser "Como e de que maneira funcionam todas as outras formas de comunicação?".[2]

Por essa razão, a partir daí urgiu uma visão de marketing e construção de marca centrada nas comunicações. O papel da propaganda passou de protagonista para coadjuvante ou secundário.

Tudo isso foi muito difícil para a propaganda e os profissionais das agências de publicidade, mas, como Judie Lannon sugere acima, a dúvida e o questionamento em torno da propaganda certamente renderam alguns benefícios a longo prazo. À medida que a propaganda era enfraquecida, outras disciplinas da área de comunicações emergiam desse debate bastante fortalecidas. Foi uma forma de discriminação positiva para as comunicações.

Na minha opinião isso foi extremamente positivo, pois pelo menos fez com que alguns profissionais do setor de propaganda deixassem de olhar com desprezo para outras formas de comunicação. Estimulou algumas pessoas da área a, pelo menos esporadicamente, pensar de modo mais abrangente, a expandir os seus horizontes além da telinha da televisão, e pode ter desencadeado campanhas de comunicação mais eficazes à medida que os profissionais adequavam os objetivos aos canais certos.

Essas duas fases distintas são resumidas na Ilustração 13.1.

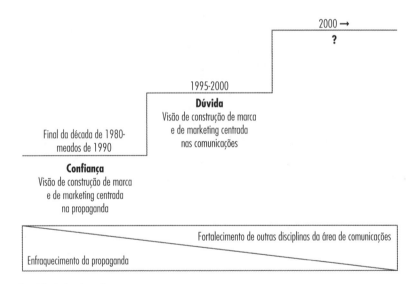

Ilustração 13.1 As duas fases

Os desdobramentos acima delineados afetaram a postura e a atitude da maioria dos profissionais de propaganda. Levaram alguns de nós, nas agências de publicidade, a subestimar o caráter singular e o poder extraordinário da propaganda. Assim como as mulheres logo após o impacto do movimento feminista de certo modo sentiam que estavam desapontando o seu gênero ao admitir que queriam casar e ter filhos, o mesmo acontecia com os profissionais da propaganda quando afirmavam que "os anúncios são da maior importância neste caso em particular", mesmo quando isso era óbvio.

Qual é o estado de espírito da propaganda hoje?

Como eu disse anteriormente, no cerne dos diferentes paradigmas publicitários está uma visão particular de como a propaganda se relaciona com as outras partes do mix da comunicação. Tudo indica ser este o momento certo para analisar o papel da propaganda no mix da comunicação, pois parece que faz pouco tempo que emergimos de uma tormenta de dúvidas e inseguranças para um período de calma e reflexão. As condições são propícias para mudanças. Nas palavras de Thomas Kuhn, especialista em progresso científico, quando fala sobre a história da ciência:

> **A emergência de novas teorias costuma ser precedida por um período de insegurança profissional acentuada. O fracasso das normas vigentes é o prelúdio para a busca de novas normas.**[3]

Mas os publicitários não devem ser complacentes e ansiar por uma nova alvorada de novas teorias, confiança e otimismo. Já em 2 de maio de 2002, o periódico *Marketing* publicou uma matéria de página dupla intitulada "As marcas podem crescer mesmo sem propaganda?", citando o exemplo de empresas como Pizza Express, Pret à Manger, Dyson, The Body Shop e Marks e Spencer, para mostrar que nem sempre a propaganda é indispensável na construção de marcas fortes. O mesmo artigo afirma que, de acordo com o relatório Bellwether do IPA, a publicidade nos principais meios de comunicação de massa responde por uma proporção ligeiramente mais elevada do gasto com a mídia (35%) que o marketing direto (26%) e o patrocínio da área de relações públicas (24%).

Mas esse mesmo artigo apresenta visões diferentes sobre a propaganda e, sobretudo, sobre o papel que ela desempenha no mix da comunicação. De um lado, segundo Mark Ritson, professor adjunto de marketing da London Business School, "uma campanha publicitária pode roubar a glória do lançamento de uma grande marca". De outro, outros profissionais falam sobre a propaganda em termos mais positivos. O artigo cita um dos princípios fundamentais para o sucesso da propaganda de acordo com o guia *Shared Beliefs* do IPA: "uma marca não é uma marca sem propaganda". "As marcas tendem a sentir falta do anúncio quando ele deixa de ser veiculado", afirma Dag Bennett, pesquisador sênior do Centro de Pesquisas de Marketing da South Bank University; a propaganda mantém unido todo o mix de comunicação, afirmam outros pesquisadores. Cada uma dessas visões tem uma opinião diferente sobre o papel da propaganda e sobre a relação que existe entre a propaganda e o mix de comunicação.

Possíveis papéis da propaganda no mix de comunicação

Uma leitura atenta dos mais recentes estudos de caso publicados no Effectiveness Awards do IPA e no The Account Planning Groups Creative Planning Awards revela as diversas formas de impacto da propaganda sobre o mix da comunicação. A maior parte delas não teria sequer sido aventada no final da década de 80, e creio que muitas não teriam sido possíveis não fosse pelo período de dúvida e insegurança que caracterizou a segunda metade da década de 90. Esses estudos de caso revelam que a propaganda não tem apenas um papel, mas muitos papéis; papéis importantes que são desempenhados junto com outras partes do mix de comunicação, e que *complementam* essas partes. Na verdade, um tema primordial é o empenho da propaganda em tirar o melhor proveito das outras partes do mix. Neste ponto, observa-se a repercussão do pensamento administrativo atual sobre liderança. A propaganda no novo século muitas vezes é a treinadora ou mentora, não a ditadora.

Para não ficar preso aos detalhes de casos individuais, criei algumas metáforas que podem iluminar os diferentes papéis da propaganda e funcionar como observações gerais:

- *Metáfora 1: Propaganda como DNA* A propaganda pode ser um código ou imprint que transmite um padrão de comportamento para os outros canais de comunicação. Os anúncios, principalmente os anúncios de televisão voltados para a criação de marcas, estão carregados de informações e dicas sobre quem é a marca, para o que ela serve e quem gostaria de se identificar com ela. As famosas campanhas publicitárias feitas para a Tango, o *The Economist*, a Boddingtons e a Orange, veiculadas recentemente, carregam consigo um DNA específico. E não me refiro aos ativos da execução do comercial, como o slogan ou os personagens, é muito mais sutil que isso. Pense na relação entre o infame comercial de TV com o homem laranja para o relançamento do refrigerante Tango e o design das novas latas. Talvez você conheça bem os comerciais, mas na página seguinte veja um dos designs da lata.

  Não sei quem surgiu primeiro, mas sei que não compartilho de nenhum valor específico, apenas de uma forte noção de atitude compartilhada ou DNA. O modo como essa relação pode funcionar é mencionado num trabalho de Paul Feldwick apresentado em 1990, após a premiação do IPA desse ano. Referindo-se à PG Tips, marca líder de chá do Reino Unido e vencedora do prêmio Grand Prix em 1990, ele comenta: "É óbvio que a propaganda que desempenhou um papel relevante na construção da marca foi DIGERIDA e se tornou uma parte inseparável dela".[4]

Ilustração 13.2 Lata do refrigerante Tango. Reproduzida com permissão de Britvic Soft Drinks Limited

- *Metáfora 2: Propaganda como cola* Quando ativos específicos são retirados da peça publicitária e usados em todo o mix de comunicação, o papel da propaganda é parecido com o de uma cola que une todos os elementos possivelmente díspares. Existem diversos bons exemplos recentes desse papel da propaganda: a idéia do Quarto serviço de emergência da AA*; a campanha "Seja o Melhor" (Be the Best) de recrutamento do exército britânico e a campanha Basta (Full Stop) da NSPCC** de combate aos maus-tratos infantis.

- *Metáfora 3: Propaganda como lente de aumento* O premiadíssimo estudo de caso First Direct nos IPA Effectiveness Awards de 1998 (publicado em *Advertising Works 10*) mostra a propaganda (nesse caso um comercial de TV) empenhada em aumentar a eficácia e a eficiência de meios de comunicação paralelos, como mala direta, imprensa e cartazes. O comercial de TV de certo modo funcionou como uma lente de aumento, ampliando e fortalecendo os outros meios de comunicação e, assim, tornou-os mais eficazes. Os autores concluíram o seu caso da seguinte maneira:

  > **Em vez de depreciar ou dispensar os meios de comunicação paralelos, estamos orgulhosos de ter sido capazes de fazer com que se tornassem parte integral do sucesso da propaganda, e não obstáculos ou rivais. Não estamos dizendo que o comercial de TV constitui uma panacéia para todos os males de uma marca, mas, sim, que esse papel deve representar um bom exemplo do extraordinário potencial que esse meio de comunicação de 40 anos de idade ainda oferece aos anunciantes.**[5]

---

*Fourth emergency service — Campanha publicitária da Automobile Association, empresa especializada no socorro de veículos, entre outros serviços, com o slogan "Somos o quarto serviço de emergência", ou seja, depois da polícia, do resgate de ambulância e do corpo de bombeiros (N.T.).
** National Society for the Prevention of Cruelty to Children (Sociedade Nacional para Prevenção da Crueldade contra Crianças — N.T.).

- *Metáfora 4: Propaganda como megafone ou sistema de pronunciamento público* A propaganda destinada a obter uma cobertura de relações públicas parece um lindo fenômeno moderno. Neste caso, a propaganda desempenha o papel de um ruído ou estrondo espetacular que movimenta as outras partes do mix de comunicação (sobretudo a área de relações públicas e os meios de comunicação pagos, como anúncios de jornal). Alguns bons exemplos deste tipo de propaganda são os famosos cartazes da modelo Eva Herzigova para o sutiã Wonderbra e a propaganda política de eleições recentes.

Esses são apenas quatro modos significativos e distintos pelos quais a propaganda interage com outros aspectos do mix de comunicação. O ponto principal é que não há um papel, mas muitos. A propaganda tem um poder extraordinário, mas hoje esse poder está canalizado de modo mais diversificado. A autoconfiança que tocava as raias da arrogância do final dos anos 80 foi substituída por uma crença em si própria mesclada com uma humildade advinda de luta, dúvida e questionamento. A propaganda como disciplina e profissão ficou melhor. Longe de ser um dinossauro extinto, a propaganda é um bom exemplo de comportamento evolutivo. Como disse Darwin: "Não é a espécie mais forte que sobrevive, mas a que melhor se adapta à mudança".[6]

Referências

1. The Henley Centre, *Planning for Social Change* 1994/5.
2. Lannon, J., "Integrated communications from the consumer end part 1", *Admap*, Fevereiro de 1996.
3. Kuhn, T., *The Structure of Scientific Revolution*, 1962.
4. Feldwick, P., *The Longer and Broader Effects of Advertising*, 1990.
5. Bryant, G. e Birkhead, B., "First Direct — Advertising as a communications magnifier", *Advertising Works 10*, 1998.
6. Darwin, C., *The Origin of Species by Means of Natural Selection*, 1859.

Síntese da argumentação: Capítulo 14

- A eficácia de uma campanha publicitária sempre dependeu, em parte, da seleção de canais da mídia utilizados para transmitir a mensagem ao consumidor. Implícita nesse processo de seleção de canais está a pressuposição de que se trata essencialmente de promover a maior exposição possível da mensagem de acordo com determinado orçamento. Essa pressuposição deriva da visão militar do marketing: de que o consumidor é um alvo a ser atingido e que com "impactos" suficientes podemos alcançar a persuasão almejada.
- O modelo militar trata os consumidores como alvos passivos, mas, no cenário da mídia moderna, os consumidores podem ser tudo, menos passivos. Com uma oferta superabundante de veículos de comunicação, cada vez mais controlados por meios digitais, hoje em dia os consumidores têm um enorme grau de controle sobre o tipo de mensagem que querem receber.
- Este capítulo propõe uma inversão da abordagem tradicional ao planejamento da mídia, que começa com a marca e busca formas de imprimi-la na mente do consumidor. Agora que os consumidores estão no controle, temos de começar por eles e nos perguntar por que eles se interessariam pela marca. Ao fazer isso, abrimos a campanha para um número muito maior de canais da mídia, de eventos a patrocínios, de mensagens eletrônicas a mala-direta e muito mais.
- É inquietante admitir que não estamos mais no controle do processo de comunicação, mas, a partir do momento que aceitamos a idéia de que o consumidor está no comando, ficamos livres das obsessões tradicionais sobre a eficiência da mídia. Conseqüentemente, começamos a criar campanhas para as pessoas que esperamos persuadir. O que a princípio parece estar funcionando de trás para a frente, revela-se a solução certa para o mundo altamente comercializado de hoje.

CAPÍTULO 14
Como melhores estratégias de mídia conduzem a um maior êxito nos negócios

Will Collin

Vendendo bala de hortelã em Sheffield

Desde que ingressei na carreira publicitária, eu me pergunto por que as pessoas acham que essa profissão exerce uma influência psicológica tão insidiosa em seus possíveis alvos. Se pelo menos fosse verdade, pensei comigo mesmo ao enfrentar o meu primeiro desafio como estagiário no setor de planejamento de contas: persuadir consumidores de classe média baixa a comprar mais pastilhas extrafortes de hortelã da marca Trebor. Sentado no canto, ouvindo atentamente o meu chefe desempenhar o papel de moderador de um grupo de discussão de qualidade em Sheffield, era difícil imaginar como uma simples peça publicitária poderia manipular o comportamento cotidiano daquelas pessoas tão práticas e de hábitos arraigados. Elas tinham um nítido controle da sua relação com a marca; uma relação trivial, superficial, situada bem no fim da sua lista de prioridades.

As pastilhas de hortelã não são assim tão importantes. Era óbvio que o máximo que poderíamos esperar seria deixar os consumidores com uma vaga lembrança da marca. Com sorte, isso seria suficiente para colocar as pastilhas Trebor num ponto mais alto em relação às outras balas nos níveis inferiores de consciência daquelas pessoas quando elas fossem à banca de revistas comprar um maço de cigarros. Mas isso jamais tomaria mais de um segundo dos seus pensamentos em relação às suas verdadeiras preocupações, fosse o jogo de quarta-feira ou o aniversário da esposa.

Na sala de estar de uma casa de classe média nos arredores de Sheffield, tive a clara impressão, desde o início, de que a campanha publicitária que estávamos bolando para influenciar aquelas pessoas era, na verdade, uma débil força no contexto mais amplo de sua vida. Felizmente para nós, mesmo uma força insignificante poderia ser suficiente para levá-las a preferir uma marca em detrimento de outra, quando a decisão entre marcas não é considerada especialmente importante. Com o tempo, aprendi que essa visão do efeito da propaganda é chamada de "Teoria Fraca".

No entanto, a visão popular sobre propaganda é de controle mental e manipulação. Se os meus conhecimentos de história da publicidade estiverem corretos, esse conceito foi popularizado originalmente no livro *The Hidden Persuaders*, de Vance Packard (Pocket Books do Canadá, Montreal, 1957). A obra "expôs" a forma como os publicitários empregavam técnicas psicológicas sutis para manipular o desejo das pessoas; para fazer com que comprassem produtos de que não precisavam. Publicado num período de paranóia em relação à Guerra Fria e uma fascinação pelo misterioso mundo do subconsciente revelado pela psiquiatria, essa teoria da conspiração foi bem acolhida e, desde então, continuou a exercer influência sobre a percepção que se tem da propaganda.

> **O uso da psicanálise de massa para orientar campanhas de persuasão tornou-se o pilar de uma indústria que movimenta milhões de dólares. Os profissionais especializados na arte da persuasão se apoderaram dessa disciplina em busca de modos mais eficazes de vender suas mercadorias — sejam produtos, idéias, atitudes, candidatos, objetivos ou estados de espírito. (Vance Packard, *The Hidden Persuaders*).**

Como profissionais do ramo, todos nós sabemos que a propaganda luta para exercer uma influência tão profunda sobre as pessoas quanto a sugerida por Packard. Se fosse assim, seria muito mais fácil convencer os clientes a investir seus orçamentos de marketing em propaganda em vez de, digamos, financiar descontos e promoções de venda. Obviamente a propaganda exerce certa influência, mas essa influência opera à margem do processo decisório e do comportamento das pessoas. Muitas vezes isso é suficiente para que o efeito seja lucrativo, mas daí a fazer uma lavagem cerebral num público crédulo, levando-o a assumir um compromisso de fidelidade incontestável para com uma marca, há uma grande distância. (E ainda estou para conhecer psicanálise de massa como metodologia de pesquisa!)

A razão desta minha breve incursão na seara da memória é embasar a minha teoria pessoal sobre propaganda, e certamente sobre comunicação da marca, em termos mais gerais: ou seja, que não podemos, e nunca fomos capazes, de "atingir" os consumidores. Eles precisam chegar até nós por iniciativa própria, participar de livre e espontânea vontade da comunicação. Caso contrário, a mensagem não será recebida, por mais forte que seja a campanha deflagrada contra eles. Não podemos enganar os consumidores com estratégias sutis; a desatenção e o ceticismo por parte deles formam uma barreira natural contra as tentativas de influenciá-los dissimuladamente. A comunicação da marca funciona quando os consumidores querem que funcione. Não podemos obrigá-los a se aliar conosco nos nossos termos. Ou concordamos com os termos deles ou não conseguiremos nada.

Essa é a base do que poderia ser chamado de "marketing inverso". Significa nos perguntar como podemos fazer com que o consumidor chegue até nós, e não como podemos chegar até o consumidor. Este é o ponto de partida para uma nova maneira de pensar sobre estratégia de mídia.

Numa era de mídia digital, interatividade, fragmentação e opção do consumidor, certamente chegou a hora de repensar a abordagem tradicional às comunicações de marketing. Embora esses desenvolvimentos tecnológicos sem dúvida alguma tenham acelerado o fenômeno de "maior poder por parte do consumidor", eu diria que os consumidores sempre tiveram poder. O que quero mostrar é que a aceitação da nossa impotência constitui o primeiro passo para a adoção de uma abordagem muito mais vigorosa ao planejamento da comunicação.

Esta é uma guerra!

O uso de metáforas militares para descrever o processo de marketing é antigo. Tentamos influenciar o "público-alvo". Fazemos isso ao fazer uma "campanha". Falamos em empregar a mídia como a Força Expedicionária Britânica utilizou a artilharia em Flanders: causando explosões, lançando bombardeios e aumentando o poder de fogo para causar um número maior de impactos e, desse modo, obter maior penetração. O objetivo é "abrir caminho", uma frase que remete a imagens de aberturas de brechas em cercas de arame farpado numa terra de ninguém.

Assim como a tecnologia militar, as metáforas da área de marketing também evoluíram ao longo dos anos. Hoje em dia, preferimos uma abordagem "certeira", "determinando o alvo com precisão", como as bombas inteligentes na Guerra do Golfo. E, assim como o exército moderno lança mão de forças especiais para atingir objetivos que o combate convencional não conseguiria, o marketing moderno às vezes emprega "táticas de guerrilha" quando as técnicas tradicionais são ineficazes.

Essas idéias serviram de base para diversos livros de marketing de grande vendagem, como *Marketing Warfare* (Al Ries e Jack Trout, McGraw-Hill Education, segunda edição, 1997) e *Guerrilla Marketing* (Jay Conrad Levinson,

Houghton-Mifflin, 1986). Ao que parece, para muitos profissionais da área, marketing realmente é sinônimo de guerra.

Como a linguagem de marketing é a linguagem bélica, é muito difícil pensar em comunicação da marca de alguma outra maneira. Mas se você pensa assim, terá de concordar que o equilíbrio de forças é, e sempre foi, esmagadoramente a favor do consumidor. Estamos armados de zarabatanas, tentando colocar abaixo a grande fortaleza de indiferença do consumidor. Só sairemos vitoriosos se eles decidirem erguer a ponte levadiça e nos convidarem a atravessá-la.

Os consumidores no comando

A opção é a característica definidora da economia de mercado. Em nenhum outro setor isso se aplica mais do que na mídia, onde nos últimos 20 anos houve uma explosão no número de opções do consumidor com a conseqüente fragmentação no consumo.

A meu ver, as forças de mercado chegaram tarde ao mundo da mídia no Reino Unido; no fim da década de 70, quando grandes indústrias como Heinz, Kellogg's e Cadbury's inovavam freneticamente com o intuito de ampliar o leque de opções, o mundo da mídia já estava fortemente regulamentado e racionado como se ainda estivesse na década de 50. Havia apenas um canal comercial de televisão, que ficava no ar por um pequeno período diariamente; um incipiente setor de rádio comercial e um mercado de imprensa restritivo e lento.

Esse mundo há muito ficou para trás. A operadora Sky transformou a TV ao introduzir a opção de uma multiplicidade de canais, enquanto os videocassetes e os aparelhos de TV adicionais ampliaram ainda mais o leque de opções nas residências. O enfraquecimento dos sindicatos do setor e os avanços na tecnologia de impressão injetaram dinamismo na imprensa, levando ao aumento do número das seções dos jornais e ao surgimento de centenas de novas revistas. O rádio comercial foi progressivamente desregulamentado e floresceu até se transformar no vibrante mercado atual. E tudo isso sem mencionar o advento da mídia digital. O grande crescimento do volume de disponibilidade da mídia gerou um enorme aumento de opções para o consumidor, e, na sua esteira, veio o controle.

Esse controle se manifesta em fenômenos como zapping e zipping, ou seja, a mudança de canal durante a exibição dos comerciais e o avanço rápido da fita de vídeo no caso de programas gravados em videocassete, respectivamente. Ou no hábito que as pessoas têm de fazer várias coisas ao mesmo tempo, como ler jornal enquanto assistem televisão ou navegar na rede com o rádio ligado. Neste mundo repleto de meios de comunicação, as pessoas estão se acostumando a fazer malabarismos e a equilibrar o seu próprio consumo de mídia. O poder de controlar o que elas assistem, lêem e ouvem está passando das mãos dos produtores para os consumidores. Tanto assim que muitas vezes dizemos que os consumidores estão se tornando seus próprios editores e programadores.

Isso é muito diferente do controle que foi transferido para os consumidores com o advento das novas tecnologias da mídia. Guias eletrônicos de programação, canais de filmes pelo sistema near-video-on-demand e gravadores digitais de vídeo (como o TiVo), permitem aos espectadores ter maior controle da programação de TV, adaptando a grade a seus interesses. Quanto tempo falta para termos dispositivos móveis de terceira geração que funcionem como rádio, só que reproduzindo áudio via Internet conforme o gosto do ouvinte e não do apresentador?

Se era verdade, mesmo antes que houvesse essa explosão de opções na mídia, que uma boa comunicação da marca dependia da cumplicidade voluntária do consumidor, hoje em dia isso é ainda mais evidente. Com a fragmentação e as inúmeras opções atuais, temos de envolver o consumidor, e não apenas bombardeá-lo. Se continuarmos a pensar no consumidor como um alvo a ser atingido, além de se dividirem em grupos cada vez menores, eles estarão munidos de armas de tecnologia avançada para evitar nossas campanhas. Agora, mais do que nunca, temos de parar de pensar em guerra e começar a pensar em participação.

Marcas automontadas

Recentemente, diversos comentaristas de marketing reconheceram que o deslocamento de poder do produtor para o consumidor está levando a um novo modo de pensar sobre construção de marca. Em vez de a experiência de marca ser um conceito fixo controlado pelo varejista, é o consumidor que escolhe o tipo de relação que ele tem com a marca.

Em *The New Marketing Manifesto* (Texere, 1999), John Grant descreve esse processo da seguinte maneira:

> O estratagema do Novo Marketing consiste em relaxar um pouco e deixar os consumidores opinarem, fazerem parte do processo. Isso é possível porque agora temos *Uma nova cultura de participação*. As pessoas esperam ter um papel a desempenhar e, quando isso não acontece, elas se sentem excluídas. A resposta do Novo Marketing para esta nova cultura é *Deixe os consumidores participarem como co-criadores da marca*.

(Veja a Ilustração 14.1). Se isso ocorre em relação à criação da marca, com certeza deve ocorrer também nas comunicações. Os consumidores estão no comando. E quando eles estão envolvidos, a comunicação é eficaz: o nosso trabalho consiste em fornecer-lhes os elementos da mensagem da marca e deixar que tomem suas próprias decisões.

Ilustração 14.1 Marketing antigo e marketing novo. Fonte: *The New Marketing Manifesto* (Texere, 1999)
© John Grant, reproduzido com sua gentil permissão

Deuses falsos

O marketing inverso vai na contramão das tradições do planejamento de mídia, que se baseia na busca de uma transmissão da mensagem com maior relação custo-benefício para um tipo de público específico. No planejamento tradicional da mídia, a unidade básica da comunicação é um "impacto", uma única exposição da mensagem para um indivíduo no público-alvo. Fundamentar a estratégia de mídia na transmissão eficiente de impactos leva à pressuposição tácita de que os consumidores são apenas receptores passivos da mensagem; suas mentes, meros recipientes vazios a serem abastecidos com imagens da marca "bombeadas" pelos canais da mídia. Cada impacto transmitido é como mais uma "gota" de identidade da marca.

Mas, no admirável mundo novo em que o consumidor está no controle, os "impactos" estão perdendo a sua força. Se o público for indiferente, o suposto impacto pode não passar de um golpe de resvalo, que quase não deixa sinal. De certo modo isso sempre foi assim, pois a propaganda é uma força débil, como foi demonstrado no exemplo das pastilhas Trebor, mas com o aumento crescente do leque de opções e do controle, transformou-se numa perigosa falácia.

No entanto, a comercialização do estoque da mídia, seja de spots ou espaços publicitários, ainda se baseia na moeda corrente das pesquisas publicadas por agências especializadas, como a BARB, NRS, RAJAR ou outras. Essas pesquisas analisam o número de impactos que determinada campanha exercerá, mas não esclarecem se a mensagem realmente estabelece uma conexão ao causar o impacto. Portanto, esses estudos desempenham um papel decisivo na sustentação do enorme mercado de compra e venda de mídia, mas baseiam-se fundamentalmente na escola de guerra do marketing. É como contar o número de cartas enviadas, mas sem saber quantas foram abertas e lidas.

As pesquisas que medem os impactos oferecem uma falsa certeza. Essa aparente garantia de eficácia da comunicação criou um "verniz" de credibilidade para algumas opções de mídia que são mensuradas desse modo, enquanto deixa outras que não têm os mesmos números parecendo inconsistentes, soltas ou absolutamente banais. Depois que você abandona a falsa religião dos impactos, seus olhos se abrem para um leque muito maior de opções de comunicação, além das que as pesquisas tradicionais de mercado poderiam quantificar. Isso naturalmente leva a uma "solução neutra" ou a campanhas integradas, em que a seleção da mídia é feita sob encomenda, desenvolvida para o consumidor, e não traçada a partir do limitado menu de opções convencionais por terem uma boa relação custo-benefício.

Para demonstrar como isso pode ser feito, a próxima seção analisa duas abordagens alternativas ao clássico desafio do marketing para as empresas de bens de consumo rápido.

Marketing inverso: participação ativa, não exposição passiva

A idéia do marketing inverso não é impor a mensagem ao consumidor, mas sim convidá-lo a se identificar com a mensagem da marca à sua própria maneira. Uma conseqüência animadora desta forma de marketing é que ela altera imediatamente a sua perspectiva sobre quais os canais de comunicação que seriam apropriados. A título de demonstração, analise o exemplo a seguir.

Você representa um fabricante de sabão em pó usado principalmente por mulheres com família numerosa, e cuja identidade da marca está centrada nos cuidados com a família. Você quer aumentar o grau de "desejabilidade" do produto entre este público para defender a participação no mercado contra concorrentes mais baratos. Qual deveria ser a sua estratégia de comunicação?

Seguindo a abordagem de guerra do marketing, você poderia criar uma campanha publicitária com base numa imagem empática e afetiva da marca. Tentaria aumentar ao máximo a participação no volume total de propaganda veiculada (ou seja, superar o concorrente) e, se possível, ter uma presença publicitária dominante no meio de comunicação de maior impacto, a televisão. Poderia também complementar os seus períodos limitados de exposição na TV com campanhas de cartazes publicitários para criar uma freqüência de exposição e, desse modo, causar mais desses impactos decisivos.

Mas vamos supor que viramos o problema de cabeça para baixo e perguntamos a nós mesmos o que é preciso fazer para estimular essas mulheres a se aliar conosco? Poderíamos começar analisando o seu cotidiano. Logo descobriríamos as pressões que elas sofrem, e as dificuldades que enfrentam para trabalhar fora e cuidar da família.

Partindo dessa perspectiva, poderíamos chegar à conclusão de que a TV e os cartazes publicitários promoveriam uma identificação bastante superficial com a marca nas pessoas que estão constantemente fazendo malabarismos com o pouco tempo que têm. Talvez o melhor modo de aumentar a "desejabilidade" da marca, na verdade, seria ajudando-as. Talvez isso nos levasse a pensar na criação de experiências de marca que as auxiliassem nos afazeres domésticos: por exemplo, patrocinando uma rede nacional de clubes de lição de casa, criando um banco de dados virtual de pessoas comprovadamente qualificadas para cuidar de crianças, enviando fitas de histórias infantis para a hora de colocar as crianças na cama ou livros de recapitulação de educação secundária. A iniciativa como um todo pode ser encabeçada por uma pesquisa nacional, publicada na imprensa paralelamente ao lançamento da campanha publicitária, mostrando que, de um modo ou de outro, as mães britânicas passam mais tempo trabalhando que qualquer outro setor da população.

Individualmente, essas idéias podem parecer ótimos valores agregados, mas, coletivamente, começamos a criar todo um programa associado à marca com o qual o público vai se identificar de maneira espontânea, e de forma muito mais profunda que com uma campanha publicitária convencional.

Esta pode parecer uma idéia mirabolante: uma marca de bem de consumo virando as costas para os principais meios de comunicação de massa em favor de atividades populares. Mas é exatamente isso que a Nike fez com o seu vitorioso evento de corrida amadora "Run London"; ou a rede de supermercados Tesco, com a sua iniciativa de levar computadores às escolas. É verdade que todas precisam usar um elemento da mídia convencional para anunciar essas iniciativas e estimular a captação, mas, em última análise, a conexão real que essas empresas conseguem é quando o consumidor cria um vínculo com a marca e passa a adotá-la.

Como planejar uma campanha de marketing invertido

Como deveríamos reagir a essa mudança no equilíbrio do poder a favor do consumidor? Mudando a nossa maneira de pensar sobre comunicações de marketing. Em vez de impor nossa mensagem a um público indiferente, precisamos atrair os consumidores com comunicações relevantes, oportunas e envolventes.

Antes, quando havia uma oferta limitada de mídia, bastava fazer com que uma ótima idéia criativa fosse transmitida para um público (relativamente) cativo. Uma excelente idéia publicitária ainda criará um *frisson*, pois as pessoas se sentem instintivamente atraídas pela mensagem. Mas, de qualquer modo, o padrão das campanhas de marketing, que em geral não são nada excepcionais, foi elevado. Com a competição mais acirrada pela atenção do público, as chances da nossa mensagem passar pelo filtro do consumidor nunca foram tão reduzidas.

Se o marketing inverso é a minha recomendação para a abordagem desse problema, qual seria o processo de planejamento de uma campanha nesses moldes? O ponto de partida fundamental consiste em compreender suficientemente bem o consumidor para ser capaz de identificar as circunstâncias em que eles estariam dispostos a se identificar com a mensagem.

Os exemplos apresentados a seguir destacam várias oportunidades para uma identificação ativa (é interessante observar que muitas delas são "verdades" publicitárias estabelecidas, que servem para mostrar que o marketing inverso já existe há muito tempo, só que não era identificado como tal).

1. Auto-seleção

Quando as pessoas entram no mercado de determinado produto ou serviço, o seu nível de interesse muitas vezes aumenta surpreendentemente, como, por exemplo, no setor de seguros. As seguradoras costumam promover familiaridade com a marca entre uma grande massa de consumidores desinteressados. Primeiro por meio de radiodifusão e, depois, pela publicidade gráfica, para transmitir mensagens sobre um produto específico ao restrito público do mercado de renovação, composto por pessoas que ficaram temporariamente sensibilizadas com os anúncios que outras ignoraram.

Mas no caso de um público auto-seletivo desses, existe uma grande oportunidade de capitalizar esse interesse com algo mais que uma mensagem passiva. As pessoas estarão dispostas a gastar mais tempo explorando a oferta da marca porque, durante esse curto período, a propaganda tornou-se bastante útil para elas. Anúncios de texto longo, árvores de decisão, tabelas de comparação e demonstrações on-line de produtos contribuem para esse estado de espírito. Talvez seja essa a origem do velho clichê do marketing direto "quanto mais se fala, mais se vende", ou seja, os mailers que contêm mais itens para serem abertos e lidos tendem a gerar taxas mais elevadas de respostas.

2. Comunicação prática

Quando falávamos em "envolvimento" no mundo da publicidade tradicional, em geral nos referíamos à experiência que o consumidor tem quando fica absorto na narrativa da mensagem, ou cativado pelo brilho visual da execução. Mas essa palavra pode ser interpretada de modo mais literal como o ato de ficar ativamente envolvido na recepção da mensagem. De qualquer maneira, esse processo ativo significa que a comunicação será mais memorável.

O desafio consiste em apresentar a mensagem de tal modo que o consumidor se disponha a participar ativamente da sua recepção. Um excelente exemplo de comunicação prática foi um anúncio publicado no jornal inglês *The Guardian* para promover um artigo (as memórias de Stella Rimington, ex-diretora do MI5, o serviço secreto britânico) de uma edição vindoura. Cada exemplar do jornal trazia um encarte solto, na verdade um cartão branco cheio de furinhos. No pé do cartão, havia uma mensagem orientando o leitor a abrir na terceira página e a colocá-lo sobre o poema ali impresso. Na página três, parecia haver um poema obscuro intitulado "Of Love and War: Lost in Lille". Ao colocar o cartão sobre o poema, surgia uma mensagem muito mais simples: "Stella Rimington, ex-diretora do MI5, revela tudo no *Guardian* deste sábado" (veja a Ilustração 14.2).

Essa idéia estimula facilmente o desejo natural do leitor de descobrir a mensagem oculta, ao mesmo tempo que reacende uma fascinação infantil por códigos e espionagem, que, por sua vez, desperta a vontade de ler o artigo na edição vindoura. Trata-se de um excelente exemplo de mensagem em que o consumidor tem de participar ativamente do recebimento — com enormes benefícios para a marca.

O mesmo princípio se aplica à propaganda interativa. Lembro-me de um ótimo anúncio virtual em "rich media" do *Financial Times*, em que eu conseguia me deslocar por um cômodo elegante contendo uma série de objetos, todos embrulhados em papel cor-de-rosa, bem ao estilo do jornal. Conforme o mouse passava por cada objeto embrulhado, como, por exemplo, uma garrafa de vinho, eu era informado de que aquele tópico seria abordado no caderno de fim de semana do jornal. Minha curiosidade natural fez com que eu examinasse todo o conteúdo do cômodo e, no final, fiquei sabendo que, além das notícias habituais, a edição de domingo traz diversas matérias sobre estilo de vida. Mais uma vez, estimulando a participação ativa, esse anúncio chamou mais a atenção e, assim, transmitiu a sua mensagem de um modo mais memorável.

Ilustração 14.2 Anúncio no *The Guardian* sobre artigo de Stella Rimington. ©*The Guardian*, reproduzido com permissão. (a) Cartão branco com furinhos

DO AMOR E DA GUERRA: PERDIDO EM LILLE.
Gustave Clemenceau (1919-1944)

Ah, Stella! Meu Amor e Pesar!

No jardim de Rimington

Nós nos beijamos em despedida, minha antiga dor.

Eu acariciei tua cabeça, teus cabelos macios

Eram feitos de ouro — e então parti:

Milão, por 5 longas semanas,

Posso revelar tantas coisas...

Então de volta à França, tudo por amor a ti

Mas tu havias ido embora.

Tu havias ido embora, o guardião da tua casa

Assim o disse.

Eu seguirei para a batalha neste sábado.

Será que um dia tornarei a ver-te? *Je ne sais pas.*

© *The Guardian* 2001. Para apreciar o poema todo, por favor veja o encarte do jornal de hoje.

Ilustração 14.2 (continuação) (b) Poema completo

3. Apoio ao estilo de vida

Antes, patrocínio significava pagar para que determinada marca fosse vinculada a um evento, uma equipe ou um programa, de modo que alguns valores positivos ficassem associados à marca patrocinadora. Mas essa é uma abordagem bastante passiva e quase sempre a associação parece superficial e pouco convincente. Entretanto, quando a marca deixa de ser um espectador e passa a ser o anfitrião, a sua contribuição fica inextricavelmente ligada à experiência (por sorte, positiva) do consumidor. Por exemplo, quando lançou a divertida corrida de 10.000 metros em Londres ("Nike 10k"), a Nike não estava simplesmente estimulando as pessoas a "Just do it" — mas, sim, fornecendo-lhes uma razão, delineando um plano de treinamento, dando-lhes lembretes regulares e criando uma ocasião desejável para treinar. Este é um exemplo de comunicação da marca que extrapola a transmissão passiva da mensagem e se transforma num "apoio ao estilo de vida" para o seu público.

Outro exemplo fabuloso de "apoio ao estilo de vida", coincidentemente de um dos principais concorrentes da Nike, é o evento esportivo de rua "Reebok Sofa Games", realizado primeiro em Dublin e depois em várias cidades do Reino Unido. Em vez de apenas veicular um comercial na televisão (excelente, por sinal: um homem tentando desesperadamente fugir do sofá que tentava impedi-lo de sair do apartamento para participar da corrida), a Reebok reconheceu a necessidade de aproximar os consumidores da marca mediante a participação ativa. Foi criado um evento ao vivo em que os consumidores foram atraídos por meio de uma combinação de cartazes publicitários tradicionais; patrocínio de rádio; "folhetos eletrônicos" fartamente distribuídos por mala direta a milhares de pessoas e até mesmo sofás de segunda mão, colocados estrategicamente em esquinas e que traziam o endereço do evento na Internet. A *pièce de résistance* era um sofá motorizado que percorria as ruas para ser filmado pela imprensa (Figura 14.3).

Os consumidores foram atraídos para o evento por um processo de descoberta, que tem um apelo muito mais forte que o simples papel de alvo passivo. Uma vez no evento, que tinha DJs ao vivo, as pessoas podiam participar de diversas atividades, como patinação e futebol de salão, o que criou um vínculo muito mais profundo com a marca do que um anúncio convencional teria conseguido. O resultado final foi um aumento demonstrável na "desejabilidade" da marca, o que fez com que a Reebok passasse à frente da sua maior rival.

O VALOR DA PROPAGANDA

Ilustração 14.3 Atividade de marketing "Reebok Sofa Games". Cortesia de Reebok International Ltd., reproduzido com permissão

4. Mensagens úteis

Nem sempre a propaganda tem de se esforçar para chamar a atenção: algumas vezes as pessoas a consideram bastante conveniente. Os classificados são o exemplo mais óbvio dessa característica: anúncios bastante procurados para satisfazer uma necessidade específica de informações.

    Do mesmo modo, no mercado de serviços financeiros os consumidores muitas vezes lançam mão de revistas da área como um instrumento para auxiliar o seu processo decisório. Eles lêem os anúncios nos jornais, bem como o editorial, e utilizam ambas as fontes de informações, extraindo delas o que precisam. O papel da propaganda não consiste em convencer os consumidores num único anúncio de que determinado produto é bom, mas, sim, apresentar-lhes "factóides" úteis que podem ser incorporados ao processo de tomada de decisão, junto com outras influências, como o conselho dos amigos e informações extraídas de folhetos e funcionários de banco. Até mesmo quando as pessoas consultam um especialista da área financeira, elas costumam "munir-se" de informações extraídas da mídia para não parecerem completamente ignorantes.

No marketing do lançamento de um novo filme, sabe-se que a propaganda exerce uma influência muito pequena em comparação com a propaganda boca a boca e a crítica especializada. No entanto, os consumidores usam a propaganda para ficar a par dos novos lançamentos, bem como se inteirar de horários e locais de exibição. A propaganda estimula as pessoas a falarem sobre o lançamento, mas dificilmente persuade, por si só, alguém a assistir um filme.

Quando se identifica a maneira como os consumidores utilizam a propaganda em determinadas circunstâncias podem-se criar oportunidades de explorar deliberadamente esse comportamento. A Intelligent Finance, subsidiária virtual da Halifax, anuncia regularmente nas tabelas de melhores oportunidades da seção de finanças pessoais dos jornais. Reconhecendo que o seu principal mercado era composto por pessoas práticas que fazem suas próprias pesquisas financeiras, a Intelligent Finance ajudava-as a fazer o que teriam feito de qualquer maneira — comparar as suas taxas com as da concorrência. Ao facilitar a vida dessas pessoas, a instituição financeira aumentou as suas chances de ter prioridade nas considerações do consumidor.

Resumo

A propaganda não é um modo sofisticado de controle mental que induz pessoas indefesas a comprar produtos de que não necessitam. Muito pelo contrario: trata-se de uma força débil, que geralmente opera à margem do processo de tomada de decisão. São os consumidores que estão, e sempre estiveram, no controle, seja pela simples falta de interesse ou, mais recentemente, pela abundância de meios de comunicação e controle da mídia moderna que lhes conferem esse poder.

No entanto, grande parte da teoria de marketing trata os consumidores como alvos a serem atingidos, e não como pessoas a serem persuadidas. A linguagem do marketing é a linguagem bélica. Essa postura nos estimula, de modo impensado, a considerar o papel da mídia um bombardeio preciso e eficiente — que dificilmente levaria à identificação das pessoas como indivíduos. O "público-alvo" se transforma numa massa distante de corpos que deve ser atingida, e não um grupo de pessoas que devem ser compreendidas, seduzidas e convertidas. E com a crescente sofisticação do consumidor, bem como a fragmentação da mídia, a batalha travada para atingi-los fica cada dia mais difícil.

Estamos analisando os consumidores de maneira errada. Em vez de começar com a marca e arquitetar maneiras de conquistar o consumidor, precisamos começar pelo consumidor e nos perguntar por que ele se sentiria atraído pela marca. Essa é a base do marketing inverso: perguntar a nós mesmos como a marca deve transmitir a sua mensagem de modo que o consumidor se identifique com ela, em vez de tentar bolar formas ainda mais eficazes de levar a mensagem para um público diferente.

Esta linha de pensamento gera uma série de idéias para estimular os consumidores a se envolverem ativamente na comunicação da marca, em que exploramos as características naturais do ser humano — como curiosidade, interesse próprio e ceticismo — de modo que as mensagens são aceitas de bom grado. A alternativa consiste em trabalhar ao revés, tentando fazer a comunicação da marca passar pelo filtro de desatenção cada vez mais estreito das pessoas.

Chamei a este processo de Marketing Inverso porque ele começa "de trás para a frente". Mas num mundo em que os consumidores estão no controle, ele está se transformando na única maneira sensata de desenvolver uma comunicação eficaz.

Síntese da argumentação: Capítulo 15

- Este capítulo analisa o conceito de "propaganda eficaz".
- Ele afirma que existem algumas lições importantes a serem assimiladas de trabalhos premiados recentemente pelo IPA.
- Além disso, salienta os benefícios de:
  — Pensamento de grupo
  — Abordagens diversificadas para avaliação
  — Reconhecimento do poder exclusivo da propaganda
  — Idéias criativas integradas

Capítulo 15
Demonstrações tangíveis da contribuição da propaganda

Chris Baker

Os estudos de caso contemplados com o Award ou Special Prize representam excelência em um ou mais dos seguintes critérios: escala do efeito obtido; originalidade da linha de pensamento e/ou execução; revelação de algo novo sobre os mecanismos da propaganda; superação da tarefa intrinsecamente difícil de criar e avaliar uma peça publicitária.

Os vencedores representam uma amostra amplamente delineada da "propaganda eficaz" recente — e, com certeza, de marketing eficaz da marca. Eles oferecem uma "janela" sem paralelo no estado-da-arte da propaganda e na sua avaliação, bem como no marketing da marca de modo geral.

Os casos merecem uma análise detalhada. Mas, além disso, surgem algumas observações gerais.

"Pensamento de grupo"

Apesar de não ser o seu objetivo principal, esses casos ajudam a esclarecer os processos associados à propaganda eficaz e o que as agências publicitárias fazem pelo dinheiro que cobram. Isso poderia ser caracterizado como "pensamento de grupo" ao longo de diversos estágios: *Informação, Análise, Compreensão, Insight, Idéias, Peças publicitárias, Implementação da mídia, Exploração* (por exemplo, relações públicas, promoções, alavancagem da distribuição), *Avaliação e as Etapas seguintes resultantes*.

Os estudos de caso, inevitavelmente, são um tanto simplificados, higienizados e revisionistas no modo como os verdadeiros fatos foram tratados. Uma "experiência privilegiada" do processo indica que seria errado considerar os estágios mencionados acima como isolados e potencialmente "inagrupáveis". Pelo contrário, os estágios tendem a se sobrepor, com múltiplas alças de retroalimentação. A separação entre criação e estratégia não leva em conta o fato de que a estratégia muitas vezes é informada pela criação. A separação entre a avaliação e o pensamento estratégico subseqüente também pode acarretar perda de qualidade e sensibilidade. Numa palestra recente, Jeremy Bullmore descreveu esse modo de atuação — que considera fundamental para o valor que as agências agregam aos negócios dos seus clientes:

> **Na vida real, como bem sabemos, trata-se de uma seqüência aparentemente infinita e tortuosa que implica reunir conhecimentos, gerar hipóteses, encontrar uma expressão para as hipóteses, reagir a elas, interpretar essas reações em vez de aceitá-las, modificar, rejeitar, recomeçar, admitir intuições, conjecturas e sorte, reagrupar, reintroduzir disciplinas, comparar novamente com pessoas reais.**
>
> **Os cientistas mentem sobre esse processo, ao menos tão vergonhosamente quanto os publicitários, pois ele não parece nem científico nem próprio do ser humano. Na verdade, obviamente, é ambos. Quem gosta de termos longos sabe que essa forma de atuação chama-se hipotético-dedutiva; mas que quase nunca é claramente visível na propaganda que inspira — assim como nem mesmo o mais sólido conhecimento de anatomia seria visível num bom desenho da vida.**[1]

O estudo de caso da cervejaria Boddingtons constitui um excelente exemplo tanto do processo quanto da importância do "pensamento de grupo". A Boddingtons tinha três objetivos de marketing que poderiam facilmente apontar em três direções muito diferentes: a criação de uma grande marca nacional para venda no varejo; a criação de uma grande marca nacional destinada aos pubs; e a proteção do seu reduto regional. Transformar esses objetivos em realidade com uma única campanha publicitária não é empreitada fácil — isso requer uma dose considerável de visão estratégica e inspiração criativa, assim como uma visão *holística* da operação como um todo. É difícil imaginar como a solução para a Boddingtons poderia ser obtida sem uma equipe multidisciplinar coesa. É claro que isso não significa, necessariamente, que todas essas pessoas tenham de trabalhar na mesma empresa, mas o "conceito de agência de publicidade" com certeza oferece um ambiente mais propício à obtenção de todos esses resultados.

O caso da Peperami representa outro argumento contra a teoria do "inagrupável". Visto de fora, o sucesso poderia ser resumido a apenas um lance de brilhante criatividade. O estudo de caso deixa claro que havia muito mais que isso. Observações de análise semiótica e "entrevistas confessionais" com usuários colocam os profissionais Criativos na área certa. As contribuições criativas à pesquisa de desenvolvimento estratégico ajudaram a aprimorar a estratégia. Testes subseqüentes deram ao cliente confiança para realizar o trabalho arrojado que produziu resultados tão expressivos no mercado. O planejamento de mídia — que definiu que as propagandas fossem veiculadas nos meios de comunicação em que mais se destacariam (bem como atingiriam o seu público-alvo) — também representou um fator decisivo. Ajudou a transmitir uma consciência publicitária no mercado mais amplo de "petiscos" com um orçamento relativamente limitado, em termos competitivos, de 800.000 libras.

Diversidade e avaliação

Os casos premiados nos lembram que a propaganda pode desempenhar papéis diferentes, o que significa que o cronograma para o sucesso também pode ser muito diferente. Casos como o da Peperami e da Boddingtons estão relacionados a uma mudança dinâmica e ao retorno rápido gerado pela propaganda. Para outros, como BMW, British Airways e Cadbury's Roses, uma perspectiva de mais longo prazo torna o poder da propaganda muito mais aparente. Talvez nenhum estudo de caso coloque este aspecto em maior relevo que o da AIDS — o comprometimento persistente, desde o início, está estreitamente associado à "baixa prevalência de AIDS" no Reino Unido (em comparação com outros países europeus que preferem "não falar sobre o assunto").

Se for necessária outra prova para minar o valor das abordagens unidimensionais, simplistas e padronizadas da pesquisa de propaganda, o leitor vai descobri-la nestes estudos de caso. Eles nos lembram que a propaganda eficaz pode funcionar de várias maneiras — segundo Terry Prue, por *persuasão*, *envolvimento* ou *destaque*, ou, certamente, por dois ou até mesmo todos esses modelos. Cada um deles pode ser "sobrecarregado" por uma percepção da propaganda excepcionalmente elevada ou retardado por uma baixa percepção.

Os premiados também exibem diversidade em termos de facilidade de mensuração. Em alguns casos, a contribuição da propaganda pode ser medida de imediato de modo relativamente fácil.

Mas, em outros (a maioria), é consideravelmente mais difícil demonstrar o impacto comercial, sobretudo a curto prazo. Apesar de inconveniente, isso não surpreende. O sucesso cada vez maior do marketing é impulsionado por fatores que conspiram para dificultar a avaliação da propaganda: altos níveis de *integração* e a interação resultante do mix de comunicação, que tornam mais complexa a identificação do que está fazendo o quê; o desenvolvimento de uma relação *sistemática* (apesar de freqüentemente atualizada por inovação ou outras "novidades"), que é mais difícil de medir a curto prazo do que a variabilidade; o *pensamento novo* que desafia os papéis convencionais do jogo, diminuindo a utilidade das normas estabelecidas.

No entanto, muitos desses casos mostram que o fato de ser "mais difícil medir" não significa que "não possa ser medido". A maioria usa algum tipo de "argumento por eliminação": ou seja, eles analisam o desempenho geral da marca ao longo do tempo (venda e rentabilidade); descartam ou, ao contrário, levam em consideração os possíveis fatores que exercem influências sobre a marca, tanto "internos" quanto contextuais (p. ex. preço, distribuição, clima). Os efeitos da propaganda podem ser, então, inferidos a partir do residual, com as evidências "corroborativas" fornecidas pelos critérios das pesquisas realizadas com os consumidores, como consciência, imagem e uso. As evidências acumuladas podem produzir uma medida sólida, mas, em última análise, ainda circunstancial de eficácia da propaganda.

Isso leva inevitavelmente à questão da "premissa tomada como base" — *o que teria acontecido sem a propaganda*? Qualquer avaliação precisa compreender a tendência subjacente da marca, que raramente é a imobilidade. O estudo de caso da Milk Marketing Board,[2] de 1992, baseou-se na redução da queda, e não no crescimento das vendas. O estudo de caso da ração para gatos Arthur também se baseia na manutenção do equilíbrio, por meio da propaganda, numa situação em que os fatores competitivos estavam contra a marca. Fazer "premissas de base" realistas muitas vezes significa olhar *para fora* da marca com o intuito de elaborar parâmetros externos de referência competitiva. Os estudos de caso da BMW, British Airways e AIDS constituíram exemplos particularmente bons, comparando o seu desempenho com o de concorrentes próximos (BMW, British Airways) e/ou o mesmo "produto" em países diferentes (BMW, AIDS).

"Só a propaganda é capaz disso"

Num mundo que oferece múltiplas possibilidades de marketing e comunicações — e a "coabitação" crescente da propaganda com outras técnicas de marketing em campanhas integradas —, as propriedades singulares da propaganda podem facilmente passar despercebidas, bem como o fato de que outras técnicas de marketing raramente representam uma verdadeira alternativa a ela. É claro que a propaganda pode ser justificada simplesmente em termos de "custo por mil" (ou seja, o custo da transmissão da mensagem desejada para determinado público), mas a sua singularidade verdadeira origina-se de dois fatores relacionados: (i) o seu poder de prender a atenção das pessoas, estimular o seu interesse e captar a sua imaginação e (ii) a sua capacidade de criar uma atmosfera em que outros elementos do mix se tornam mais eficazes e simplesmente fica mais fácil negociar. O Award Winners coloca em destaque as propriedades singulares da propaganda. Aqui estão os quatro exemplos mais notáveis que comprovam que "só a propaganda é capaz disso":

1. Os carros da BMW são excelentes e inovadores. No mercado de automóveis, *o carro em si* — aliado ao bom investimento que representa — é o elemento mais importante do mix de marketing. Apesar de ser relativamente caro no Reino Unido, o crescimento das vendas e da imagem do BMW foi muito superior ao seu desempenho nos outros mercados europeus, em que a marca não usufruiu um apoio publicitário de mesmo nível e com a mesma regularidade.
2. O Wonderbra é um produto altamente individualizado que está no mercado do Reino Unido há 26 anos. No início de 1994, a sua nova proprietária, a Playtex, enfrentou a concorrência de um produto imitação lançado pela antiga licenciada, a Gossard. Apesar disso, as vendas do Wonderbra praticamente dobraram, graças a uma campanha publicitária inteligente de 330.000 de libras, que gerou um impacto com valor nocional de 18 milhões de libras em relações públicas.
3. Na década de 80, a imagem da British Airways era a de uma empresa estatal "sem nada de excepcional". Desde então, a sua sorte mudou, tanto em termos de rentabilidade quanto de percepção. O produto foi submetido a um processo de reengenharia, mas as pesquisas mostram que os padrões de serviço competitivos também melhoraram. Se a British Airways não tivesse anunciado aos quatro ventos a sua ambição de se tornar a "A empresa aérea preferida em todo o mundo", será que os clientes teriam notado a mudança? E será que os funcionários teriam se empenhado para atingir esse objetivo?
4. O sistema "draughtflow" da Boddingtons, dispositivo interno carregado com nitrogênio comprimido que dispara no momento da abertura da lata e confere à cerveja a mesma cremosidade do chope, foi uma idéia fantástica; finalmente, os apreciadores da cerveja do tipo "bitter", cerveja amarga típica da Inglaterra com alto teor de lúpulos, podiam beber em casa uma cerveja com a mesma qualidade do chope que consumiam nos bares. Mas a Boddingtons também vendia latas de cerveja sem a "novidade", cujas vendas também aumentaram. Além disso, as vendas nos pubs cresceram extraordinariamente, bem acima do que poderia ser justificado pelas receitas geradas pelos ganhos de distribuição.

Inovação, criatividade e marcas

As evidências apresentadas por esses prêmios contrariam o pessimismo reinante em alguns setores sobre o futuro das marcas e da propaganda. Mas também confirmam que as condições de mercado cada vez mais competitivas estabelecem padrões mais precisos para o sucesso da marca e da propaganda — em particular, maior comprometimento com inovação, criatividade e continuidade para oferecer um valor real aos seus clientes. Quem não adotar esse conceito mais dinâmico da marca poderá ficar à margem.

Fazendo uma análise retrospectiva, na década hedonista de 1980, o conceito de "agregar valor" por meio da propaganda e de outras ações de marketing muitas vezes estava afastado da realidade. David Hearn, da KP, certa vez observou que "agregar valor" tinha se transformado em sinônimo de enfeitar a embalagem com fitas douradas e cobrar mais pelo produto.

Talvez não surpreenda o fato de que, nos últimos 12 anos, grande parte das campanhas publicitárias mais bem-sucedidas aparentemente tenha sido fundamentada mais na comunicação de "*valores integrais*" do que simplesmente em "valores agregados". A propaganda baseada na comunicação de *verdades fundamentais sobre o produto* — embora numa forma muito criativa — foi alçada ao primeiro plano.

Essas "verdades dos produtos" podem basear-se na inovação do produto e no seu aprimoramento contínuo — BMW, British Airways, Boddingtons e John Smith's Bitter são bons exemplos. Ou então podem ser extraídos do valor integral de apelos existentes, porém "subexplorados", de produtos altamente individuais: por exemplo, Peperami, Wonderbra e Marston's Pedigree.

Isso não quer dizer que os valores emocionais "agregados" que diferenciam marcas fortes de bons produtos sejam menos importantes. Pelo contrário, esse sucesso tende a depender ainda mais que antes da associação desses "valores agregados" com um produto de qualidade e inovador, e o ideal é que estejam solidamente *integrados* (e não apenas ligados) ao produto.

Apesar desse novo enfoque das verdades do produto, as propagandas criativas ainda são parte integrante da inovação da marca, e não apenas mensageiras dessa inovação. De fato, a despeito de ser julgado com base no critério de eficácia comercial, um alto grau de criatividade é um dos ingredientes das campanhas publicitárias premiadas. Essas campanhas salientam, entre outras coisas, algo que os publicitários inteligentes há muito sabem: que a propaganda "criativa" não apenas agrega valor, como também *é mais econômica*. Sucessos como Peperami, Wonderbra e Nissan Micra são frutos de gastos publicitários que, num contexto competitivo mais amplo, são relativamente baixos.

O alto nível de criatividade testemunhado na mais recente premiação mantém uma tendência observada desde 1980. Durante grande parte da década de 80, os casos premiados eram caracterizados por estratégias bem planejadas e peças publicitárias bastante medianas, porém "de acordo com a estratégia". As condições mais sofisticadas e desafiadoras dos anos 90 tendiam a exigir muito mais para alcançar sucesso no mercado: não apenas estratégias bem planejadas e execução "eficiente", mas também um grau elevado de criatividade.

"Criatividade eficaz" passou a significar muito mais que apenas *propagandas* criativas. Ela abarca o pensamento criativo sobre estratégia numa frente mais ampla, o uso da mídia e de outras formas pelas quais um produto ou serviço pode ser divulgado para o seu mercado-alvo.

Referências

1. Bullmore,J., "Advertising costs half as much as you think it does:but do you know which half?" publicado pela IPA, dezembro de 1994.
2. Baker, E., *Advertising Works* 7, NTC Publications,1992.

PARTE D

Efeitos sobre a Marca

Síntese da argumentação: Capítulo 16

- Produto e marca não são a mesma coisa. Existem muito poucas marcas — e marcas de sucesso, menos ainda.
- Marca é mais do que produto: é o produto acrescido de valores adicionais, é o produto mais sua comunicação sob todas as formas.
- As marcas são muito mais complexas do que os produtos e o desempenho funcional.
- O sucesso da marca é determinado pela extensão do "diferencial motivador" em relação à concorrência.
- A contribuição da propaganda consiste em apresentar a totalidade da marca do modo mais atraente possível, a fim de gerar a preferência pela marca.
- A propaganda é particularmente capaz de atrelar (e transmitir) um "apelo afetivo" da marca a seus atributos mais funcionais, uma capacidade cada vez mais importante para as marcas num mundo que se torna ainda mais complexo e competitivo.

Capítulo 16
A contribuição da propaganda para gerar preferência pela marca

John Bartle

Introdução

A propaganda triunfa ou fracassa em função de sua contribuição para o melhor desempenho da empresa. (Ou seja: para o seu triunfo, é preciso que o desempenho da empresa seja melhor com a propaganda do que teria sido sem o seu concurso — e num nível que, ao longo do tempo, justifique o seu custo).

A propaganda pode fazer essa contribuição de inúmeras maneiras e em relação a uma variedade de públicos-alvo. Pode fazer anúncios de curto prazo — de uma liquidação, promoção, dos preços mais recentes, da inauguração de uma loja. Pode ser usada quase como RP junto a formadores de opinião. Pode ajudar a elevar o preço da ação ou seu conceito na City. Pode ser usada para incentivar uma resposta "comercial" positiva — melhor posição na prateleira, maior destaque na apresentação. Pode ajudar a inspirar orgulho, confiança e "comportamento adequado" aos empregados da empresa. Ou pode simplesmente fornecer informações, como ocorre, por exemplo, com muitas das mensagens publicitárias do governo.

A propaganda é acima de tudo versátil. Entretanto, antes de tudo, sua principal contribuição consiste em ajudar a construir e sustentar marcas, desenvolvendo e mantendo a preferência do consumidor, o que, por longos períodos, fornece a base para o sucesso das empresas varejistas.

Para entendermos inteiramente a natureza dessa contribuição, precisamos principalmente entender as marcas — o que são e como se constroem.

Produtos e marcas

Produtos e marcas são coisas muito diferentes. (Aqui e doravante a palavra "produto" também incluirá serviços). Enquanto os produtos são inumeráveis, o número de marcas é relativamente pequeno — e menor ainda quando se trata de marcas que possam proclamar-se bem-sucedidas ou a caminho disso e, assim, realmente fazer parte da "base" do tipo de empresa que mencionamos há pouco.

Ainda não há nada que ilustre melhor a diferença entre produto e marca do que a mais básica pesquisa de mercado: o teste do produto. Quando o produto é testado pelos consumidores num teste "cego" — isto é, com a identidade da marca inteiramente oculta —, obtém-se um resultado. Com a identidade revelada, com a marca aparecendo, obtém-se outro resultado completamente diverso.

Existe alguma, embora pouca, literatura publicada que comprova esse fenômeno fundamental. Na Ilustração 16.1, dois produtos são testados comparativamente, tanto sem se revelar a identidade como também — com outras amostras de população perfeitamente similares — com a identidade revelada. A paridade na preferência de sabor num "teste cego" se torna uma clara preferência por uma delas (Marca B) quando os dois produtos são identificados.

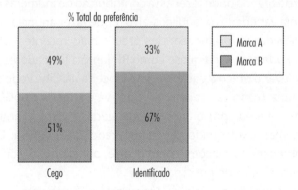

Ilustração 16.1 Teste cego *versus* teste de produto identificado. (Fonte: King[1])

No segundo exemplo (Tabela 16.1), em que as marcas em teste são identificadas para o leitor tanto quanto para os sujeitos da pesquisa, a preferência se inverte quando, depois do teste cego, o produto é identificado.

(É importante observar que, em ambos os exemplos, esses resultados são obtidos em questões sobre o desempenho do produto — preferência de sabor —, seja com o produto identificado ou não. Não se trata de respostas sobre in-

Tabela 16.1 Teste cego *versus* teste de produto identificado: refrigerantes dietéticos (%)

	Cego	Com marca
Preferiram Pepsi Diet	51	23
Preferiram Coca Diet	44	65
Acharam igual/não sabiam	5	12

Fontes: de Chernatony e Knox[2]

tenção de compra ou preferência por marca, embora isso seja exatamente o que refletem. Os consumidores participantes desse teste *estão* dizendo que o sabor do produto muda quando eles sabem de que marca é.)

Do produto à marca

O que fica claro — a partir não só desses exemplos, mas da experiência de todos nós — é que o desempenho do produto pode ser e é alterado quando todos os aspectos da identidade são revelados e quando os consumidores levam suas próprias idéias preconcebidas, experiências anteriores e crenças para o contato com o produto. As coisas podem ter gosto melhor, funcionar melhor — ou pior —, seja em termos absolutos ou, o que é crucial no nosso mundo competitivo, em termos relativos.

Essa mudança sempre ocorrerá. Os exemplos apresentados ilustram a regra e não algumas de suas exceções. Seria exceção se, por coincidência, num mercado dominado pelas marcas, não se verificasse qualquer mudança nas respostas entre um teste cego e um com produto identificado. (Nos "testes de produtos similares" no setor de serviços, em que são apresentadas ofertas idênticas, embora atribuídas a diferentes empresas, exatamente o mesmo fenômeno se evidencia; alguns serviços são vistos como muito mais adequados do que outros.)

Não estamos insinuando aqui que o desempenho básico do produto (avaliado no "teste cego") não tem importância na construção de uma marca forte. Essa *performance* é uma parte fundamental, mas apenas uma parte, porque as marcas são muito mais do que o que o seu produto proporciona, são o produto e mais os valores adicionais, que consistem nas comunicações sob todas as suas formas.

Na vida real os produtos não chegam nus, mas "vestidos", até onde diz respeito aos consumidores em potencial e aos já existentes. Haverá alguma vestimenta bastante direta e imediata — o próprio nome da marca, talvez a identificação da empresa por trás da marca, o design da embalagem, seu formato, o preço e, o que é muito importante, a própria experiência anterior do consumidor em relação à marca, se houver. Menos direto, mas também uma peça dessa vestimenta, é o que o consumidor ouviu outras pessoas — usuárias ou não — comentarem sobre a marca, o que leu ou viu, seja material fornecido e pago pelo fabricante ou não.

Tudo isso, combinado individualmente por cada pessoa, determinará a escolha ou preferência pela marca — se essa marca "é boa para mim". A seu ver, o representante dessa marca satisfará você e os seus? (um julgamento que pode também incluir o modo como os outros vêem você em decorrência dessa escolha.)

De todo um conjunto de fatores, portanto, depende o modo como uma marca é percebida, depende o que é real para os consumidores, o que ele ou ela de fato encontra ao preferir uma determinada marca. Embora a oferta do produto básico constitua uma parte, a marca é muito mais do que isso.

A complexidade das marcas

As marcas são muito mais complexas e multifacetadas do que os produtos e compreendem muito mais do que o desempenho funcional.

A Ilustração 16.2, derivada da combinação de inúmeras fontes diferentes, tenta apresentar a totalidade da marca. (Às fontes originais, acrescentou-se a expressão "desempenho do produto" para lembrar a todos nós que, sem um desempenho que corresponda às expectativas do consumidor, nenhuma marca, por mais habilidosamente construída que seja, pode ser completa, forte ou bem-sucedida ao longo do tempo.)

A Ilustração 16.2 mostra as duas amplas áreas, a racional e a emocional — "cabeça" e "coração" —, que se aliam para formar as marcas. De um lado estão os atributos funcionais — conforme mensurado nos testes "cegos" — e, de outro, todos os elementos de comunicação que cercam a oferta básica. É quando essas duas amplas áreas são *tomadas em conjunto* que o quadro inteiro da marca é produzido (bem como aqueles resultados dos testes de marca.)

Sucesso da marca

Marcas são produtos acrescidos de valores adicionais. Sem valores adicionais não há marca. Assim, embora todas as marcas disponham de um produto ou serviço em seu bojo, nem todo produto pode afirmar que tem uma marca.

Esses valores adicionais são, em muitos casos, "intangíveis": trata-se de sentimentos, imagens, associações, a impressão que por algum motivo você causa aos outros. Esses aspectos não devem ser desprezados nem vistos como sem qualquer ligação com os consumidores. Em vez disso, eles devem ser va-

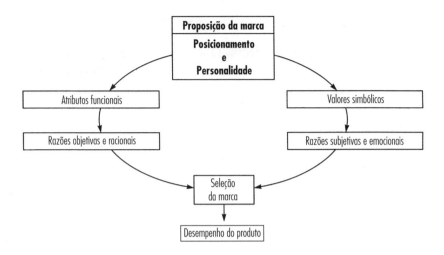

Ilustração 16.2 A totalidade da marca. (Fontes: de Chernatony and McDonald[3] e Hankinson and Cowking[4])

lorizados e respeitados porque são fundamentais para a nossa natureza como seres humanos sociais.

O setor de comunicações refere-se com freqüência a "valor agregado" nesse contexto como sinônimo desses valores adicionais, mas esse uso não é muito adequado. Um momento de reflexão — também acerca dos testes de produtos de que falamos há pouco — sugerirá que as marcas podem ter valores adicionais que subtraem valor, principalmente em termos relativos, no contexto competitivo em que a vida real se desenvolve. (E todos temos os nossos exemplos de quando os valores adicionais na verdade prejudicam o produto também em termos absolutos.)

Em que medida os valores adicionais são genuinamente "agregados", aos olhos do consumidor, constitui o fator determinante da força e sucesso relativos da marca. É o que determina o diferencial de uma marca em relação às suas concorrentes.

A chave para o sucesso de uma marca é o *diferencial motivador*. O diferencial que cria o que Stephen King descreveu como "um pequeno monopólio na mente do consumidor". Somente daí o valor da marca pode realmente se derivar.

As marcas verdadeiramente bem-sucedidas fornecem aos consumidores, além de uma "garantia" confiável por meio de sua identidade, uma *mescla* de valores — físicos, estéticos, racionais e emocionais — que os consumidores consideram particularmente apropriada, valendo assim a pena procurar pelo produto daquela marca, pagar por ele e, com a promessa percebida cumprida (ou excedida), tornar a pagar por ele. Sobre esse sucesso da marca é construído o sucesso de uma empresa.

A contribuição da propaganda

Nesse papel de construtor de marcas, a maior contribuição da propaganda reside na sua capacidade de comunicar a totalidade da marca de que falamos, a combinação vital de razão e emoção, o "apelo da cabeça" e o "apelo do coração". Em especial, a propaganda pode agregar valores emocionais de um modo como nenhum outro componente de marketing. Seu caráter multifacetado e sua potencial sutileza lhe permitem dirigir-se aos sentidos e afetar as emoções de um modo que nada mais é capaz de fazer com a mesma permanência, principalmente nesta era em que os consumidores estão cada vez mais sofisticados.

E, num mundo de complexidade crescente, a capacidade de agregar valores emocionais, mais intangíveis (o lado esquerdo da Ilustração 16.2), torna-se vital. O requisito fundamental do diferencial é cada vez menos prontamente desempenhado no nível funcional. Os concorrentes estão mais espertos e ágeis que nunca. As lideranças técnicas podem desaparecer quase do dia para a noite.

Os dias da PUV (proposição única de venda), construída sobre a superioridade funcional, há muito já se foram e dificilmente voltarão. Cada vez mais é preciso substituir a PUV pelo que podemos chamar de PEV (proposição emocional de venda) para gerarmos um sucesso sustentável da marca.

Não pretendemos afirmar que o aspecto funcional é irrelevante, porque sua combinação com o "apelo do coração" é importante e todas as mais fortes proposições da marca deitam raízes na verdade do produto, mesmo que essa verdade não seja a única. O apelo emocional por si só resulta num vazio, não passa da superfície. Cada vez mais, porém, é o que se agrega no âmbito emocional que cria seu caráter ímpar, seu diferencial, seu "pequeno monopólio" e, portanto, seu sucesso.

Essa área é preeminentemente o território da propaganda. É onde e como a propaganda faz a sua contribuição para a preferência pela marca.

Referências:

1. King, S., *O que é uma marca?* J. Walter Thompson, 1971.
2. de Chernatony, L. e Knox, S., "How an appreciation of consumer behaviour can help in product testing", *Journal of the Market Research Society*, 32, 1990.
3. de Chernatony, L. e McDonald, M., "*Creating Powerful Brands*", Butterworth-Heinemann, Oxford, 1992.
4. Hankinson, G. e Cowking, P., "What do you really mean by a brand?" *Journal of Brand Management*, agosto, Henry Stewart Publications, 1995.

Síntese da argumentação: Capítulo 17

Atualmente as empresas varejistas dispõem de uma gama de instrumentos vitais para entender o processo pelo qual atividades tais como a propaganda geram retorno. Muitos são úteis isoladamente, mas é apenas quando aplicados em conjunto e, o que é mais importante, sob a perspectiva do valor econômico que geram, que podem começar a produzir um quadro verdadeiramente completo e utilizável.

A econometria tende a concentrar-se nos efeitos de elementos específicos do processo de marketing. A Avaliação da Marca e a Eqüidade da Marca são, por natureza, mais macroscópicas. A Avaliação da Marca abrange o benefício econômico direto, para seu proprietário, da marca em seu uso corrente, enquanto a Eqüidade da Marca contempla seu estado e potencial atuais em relação ao mercado, aos concorrentes e aos grupos de interessados. Tudo isso é vital para entender a cadeia de valor. Daí, embora a sinergia se tenha tornado recentemente uma palavra demasiado empregada e um tanto mal definida, esses três aspectos oferecem a oportunidade de uma verdadeira sinergia nesse contexto, uma vez que as interações entre todos proporcionam uma compreensão muito maior do que cada um oferece em separado.

Embora essa compreensão mais ampla seja a chave para avaliar o retorno do investimento (RDI), a sua redução a um simples cálculo é algo invariavelmente confuso em virtude da complexidade de se definirem o investimento e o prazo para retorno. Para efetuar tal redução, é útil pensar no retorno do investimento em termos de incremento do valor da marca. É esse, no final das contas, por qualquer estimativa razoável, o objetivo — até onde diz respeito à marca e, conseqüentemente, a qualquer instrumento projetado para desenvolvê-la ou alavancá-la. Isso posto, podemos então concluir que, tanto o valor da marca em si quanto o montante do investimento necessário para desenvolvê-lo ou elevá-lo geram valor para os acionistas.

Capítulo 17
Como a propaganda afeta o valor da marca

Simon Cole

Introdução

À proporção que a Economia de Marca adquire relevância, torna-se importante a crença na necessidade de se entender em que medida o investimento em marcas gera retorno. Os CEOs da maioria das empresas agora reconhecem a importância das marcas — pelo menos é o que se infere de seus comentários nas notas que distribuem à imprensa, nos relatórios anuais e apresentações dos analistas. Permanece o perigo, como ocorre com jactâncias similares acerca de empregados e capital humano, de que o elo entre investimento em marcas e os resultados financeiros de uma empresa continue opaco, pouco estudado e insuficientemente compreendido.

Não resta dúvida de que é preciso que a importância de uma marca como ativo de uma empresa seja inequívoca, a fim de se alocarem os recursos de modo apropriado. A eficiência de mecanismos tais como a propaganda, por meio dos quais a marca converte investimento em lucro, deve ser clara. Se o modo de funcionamento das alavancas da marca for transparente, será possível organizá-las para que se obtenha o melhor efeito. Para que isso aconteça é necessário haver uma resposta mais completa do que a atual para essa pergunta, cuja simplicidade é desarmadora: "Como o investimento na marca em geral e as comunicações de marketing e propaganda em particular criam valor e geram retorno econômico?"

Ao longo dos últimos 50 anos, muito esforço foi empreendido para se entenderem as comunicações de marketing em todas as suas formas. Mais recentemente, um volume considerável de pesquisa estudou as marcas e sua eqüidade. Além disso, existem muitas publicações acadêmicas e empresariais que analisam o modo como as empresas criam valor e a maneira de avaliá-las; na verdade, cada uma dessas especialidades sustenta toda uma indústria. A despeito disso, permanece o caso de que, embora freqüentemente sejam bem compreendidos individualmente, esses três elementos da cadeia de valor são consideravelmente menos entendidos coletivamente, ou seja: não se entende inteiramente como os elos dessa cadeia de valor se conectam e funcionam como um todo.

A fim de sanar essa deficiência e começar a reunir as diferentes partes do "banco de conhecimentos", os proprietários de marcas cada vez mais tentam orquestrar a administração geral de suas marcas e guiar-se pelo valor econômico que elas representam. Essa abordagem, fundamentada no princípio da valorização da marca — como feito pioneiramente pela Interbrand no final dos anos 1980, tira partido de estudos recentes que definiram com maior nitidez os elos entre cada passo do caminho para o valor forjado pelos instrumentos de suporte da marca, tais como a propaganda. Assim, tornou-se possível não só começar a responder a pergunta sobre até que ponto se pode afirmar que a propaganda se transforma em lucro econômico, mas também, o que é mais útil, como, por que e o que pode ser feito para otimizar esse processo.

Marcas como base de valor econômico

A pedra angular de qualquer avaliação das comunicações de marketing deve sempre retornar à "marca". A marca é a soma de todos os pensamentos, sentimentos e impressões do produto ou serviço a que está ligada e, por definição, localiza-se na mente dos grupos de interessados — como os consumidores, por exemplo.

É na mente dos consumidores que as comunicações de propaganda e marketing são processadas e guiam, aceleram ou reforçam quaisquer pensamentos e impressões, invariavelmente em conjunção com todas as outras "mensagens da marca" advindas, por exemplo, da experiência pessoal ou até da comparação com os concorrentes.

Sendo assim, deve-se pensar nos instrumentos de comunicação como construtores ou como alavancas (ou ambos) da marca, estimulando a sua escolha em detrimento de outra a fim de gerar consumo lucrativo. Conseqüentemente, devem ser avaliados em conformidade com esses papéis desempenhados. As avaliações que associam volumes ou participação de despesas a vendas ou participação da marca, conquanto às vezes úteis, tendem a ser tão demasiadamente simplistas que, embora atraentes na superfície, na verdade contribuem pouco para se entender de que maneira se dá o retorno e, talvez o mais importante, quão lucrativo é.

A marca constitui a base sobre a qual se gera e assegura a demanda do cliente. A propaganda e, de modo mais geral, o marketing agregam ou elevam o "poder" da marca, fortalecendo a sua eqüidade de tal maneira que — mesmo quando "filtrada" através de limitadores externos tais como disponibilidade — consegue incrementar as vendas, o que representa o primeiro passo para a expansão do valor econômico. A marca é o mecanismo por meio do qual as comunicações de propaganda e marketing produzem valor econômico (em última análise, o valor para acionista nas empresas públicas), que constitui a base lógica para mensurar suas contribuições (veja Ilustração 17.1).

Mensuração do micro ao macro — a necessidade de avaliação holística

Ao longo dos anos muito se tem escrito sobre como funcionam as comunicações de marketing tais como a propaganda. Expressaram-se muitos pontos de vista e teorias diferentes e muitas discussões surgiram. Invariavelmente, o úni-

Ilustração 17.1 Comunicações de marketing em última análise produzem valor para o acionista

co ponto de consenso é que a cadeia de valor é sempre complexa. Em tudo isso, o que não foi adequadamente afirmado é que os diferentes elementos trabalham em harmonia e como harmônicos devem ser avaliados.

Inúmeros instrumentos foram desenvolvidos para propiciar uma visão dos componentes individuais da cadeia de valor. Embora esses instrumentos possibilitem um nível detalhado de compreensão de um determinado aspecto, na maioria das vezes seu objetivo é limitado. Conseqüências prejudiciais podem advir se essa "compreensão" incompleta for aplicada à estratégia de comunicações da marca. Por exemplo, os "efeitos" podem ser superestimados em razão da presunção de que a contribuição "identificada" é uma conseqüência tão-somente do instrumento de marketing em exame. Nesse caso, fatores "menos importantes" tais como mídia de menor impacto ou outros impulsionadores da eqüidade da marca são subestimados em favor dos fatores "dominantes". Por outro lado, com muitas das diversas alavancas da propaganda, do marketing e da marca trabalhando em algum tipo de harmonia, embora de modos diferentes, os efeitos são geralmente divididos de tal modo que se deixa de identificar qualquer conseqüência potencialmente sinérgica de sua interação, ou seja, o todo é erroneamente considerado como a soma de suas partes separadas.

Sem dúvida, existem inúmeros componentes cujas contribuições todas precisam ser bem compreendidas. Contudo, essa compreensão deve se dar em reconhecimento do fato de que os componentes podem estar operando como conseqüência, ou em conjunção, um do outro.

O desafio enfrentado pelos administradores de marcas é ter uma visão da cadeia de valor em sua inteireza, a fim de entender as contribuições dos componentes tanto individual quanto coletivamente. Sob tal perspectiva, eles podem controlar com maior eficácia o leque de instrumentos de marketing à sua disposição com o maior benefício a curto prazo e até a longo prazo.

A busca de uma visão tão holística não deve ser encarada como uma tentativa de produzir uma "Grande Teoria Unificada" de marketing, mas sim como uma maneira de reunir os melhores instrumentos disponíveis e tornar a configurá-los de forma a orquestrar sua aplicação e fazê-los se complementarem para construir um quadro "completo", que proporcione melhor controle.

O valor desse enfoque é considerável. Acima de tudo, produz uma avaliação realista do "benefício final", que consiste no retorno econômico do investimento — e, o que é talvez mais importante, proporciona um nível de visão e compreensão da cadeia completa de valor que permite o desenvolvimento de mecanismos práticos e racionais para gerenciar a aplicação do gasto, da mídia e da mensagem, para se obter o melhor efeito.

Configuração da rota para o valor

Para se desenvolver uma visão realista e prática do benefício de atividades de marketing tais como a propaganda, é necessário em primeiro lugar ter uma compreensão clara de onde se localiza o valor econômico da marca e o que o impulsiona. Então, em conjunto com uma avaliação da eqüidade da marca e do impacto imediato dos diferentes instrumentos de comunicação (ou seja, sobre a alavancagem dos elementos específicos da eqüidade), é possível extrair um modelo racional da produção total de valor (veja Ilustração 17.2).

Sob a luz dessa compreensão "completa", o retorno total do investimento pode ser acuradamente identificado e, o que é mais importante, ser usado, *ceteris paribus*, para informar futuras comunicações e estratégia da marca.

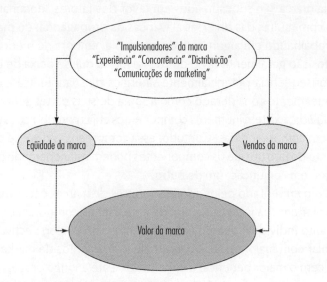

Ilustração 17.2 Um modelo da produção total de valor

Preenchimento do modelo de cadeia de valor

Há inúmeros instrumentos disponíveis para preencher esse modelo. Cada um pode dar forma a um componente específico da cadeia de valor. Juntos, eles se tornam mais eficazes e começam a revelar uma visão muito mais profunda e a explicar a concretização do valor como um todo.

- *Análise de Resposta*: A econometria, mais precisamente a análise de regressão, tem sido empregada com considerável sucesso em anos recentes para isolar e quantificar alguns dos efeitos das atividades de marketing. Na superfície, esse instrumento parece oferecer um meio eficaz para unir marketing (ou, na verdade, qualquer outro fator), a "indicadores duros" tais como vendas. Como resultado, a sua contribuição para a compreensão de que o marketing agrega valor tem sido considerável. Também se deve notar, contudo, que as possibilidades que apresenta são por vezes superestimadas:

— Embora constitua um meio útil para identificar alguns dos efeitos de curto prazo das atividades de marketing, sua capacidade de distinguir os efeitos a prazos mais longos é questionável.
— Embora possa proporcionar uma boa prova do "efeito" quando os fatores variam, quando estes são constantes ou se movem em paralelo, é muito mais difícil visualizar seu impacto, que muitas vezes acaba por ser esquecido.
— Embora tenda a oferecer uma visão rápida e fácil da demanda do cliente, sua capacidade de desemaranhar de maneira racional a inevitavelmente complexa combinação de impulsionadores da compra é limitada.
— O que é mais importante: a análise de regressão tende a oferecer uma visão precária de importantíssimas variáveis intermediárias, tais como os elementos da eqüidade da marca ou os fatores por meio dos quais ela é alavancada para criar demanda.

A Análise de Resposta constitui um meio testado e até certo ponto aprovado de se obterem provas dos efeitos de curto prazo da atividade de marketing. É insuficiente por si só, contudo, devido à incapacidade de servir de modelo tanto dos "mecanismos internos" do processo quanto dos efeitos "de longo prazo".

A análise de Eqüidade da Marca foi desenvolvida para começar a corrigir alguns desses defeitos.

• *Eqüidade da Marca*: A soma de todas as qualidades distintivas que resultam em comprometimento pessoal com a marca e a determinam. São as qualidades que atraem a preferência por certa marca em vez de outra, tornando-a valorizada e valiosa. A eqüidade da marca, que constitui o fulcro da cadeia de valor, é alavancada por fatores externos tais como disponibilidade ou acessibilidade para conduzir ao consumo.

A Eqüidade da Marca, por definição, reside na mente do cliente (ou de qualquer integrante dos grupos de interessados) e deve, conseqüentemente, ser avaliada nesse contexto para ser adequadamente compreendida. O enfoque mais eficaz envolve três etapas:

— Informações fornecidas por pesquisa sobre o consumidor principal para se definir a situação atual da marca no mercado.

— Análise para se identificarem primeiro os fatores que estão influenciando o comprometimento do consumidor ou sua probabilidade de consumir e, em segundo lugar, a extensão dessa influência. Essa é a identificação do "poder" geral da marca em conjunto com seus principais impulsionadores e as elasticidades que lhe são associadas (Ilustração 17.3).

— Segmentação do público-alvo para se identificar a Eqüidade da Marca pelo grupo de clientes no contexto da concorrência.

*Abrangendo atributos da imagem distintos, definidos de acordo com o grupo de cliente

Ilustração 17.3 O "poder" geral da marca

A visão proporcionada por uma compreensão pormenorizada da eqüidade da marca propicia um entendimento profundo do comportamento do cliente. Sob esse aspecto, trata-se de um complemento eficaz da visão fornecida pela *Análise de Resposta*. Para completar o elo, porém, o aprendizado produzido por ambos os instrumentos deve ser ancorado na realidade econômica — o valor da marca.

• *Valor da Marca*: O Valor da Marca representa o benefício econômico auferido pelo proprietário ou pelo franqueado da marca em razão de seu uso atual. É a soma dos ganhos atuais e os projetados (valor líquido atual, após os descontos) atribuíveis à marca.

O Valor da Marca é gerado no momento da transação e é determinado por três fatores. O primeiro é em que medida o proprietário da marca pode gerar lucro econômico com a transação. O segundo, em que medida a marca serve de instrumento na transação, ou seja, em que medida impulsiona a escolha do cliente. O terceiro consiste na probabilidade de que a marca continue no futuro a exercer influência. O cálculo do Valor da Marca é, portanto, constituído por estas três etapas:

— Análise financeira: para se ajustar a previsão de lucro e prejuízo de modo a aproximá-la do fluxo de caixa livre ao longo do tempo; um dispêndio para remunerar o capital tangível é feito, deixando-se os ganhos residuais atribuíveis aos ativos intangíveis em operação na empresa.

— Análise de demanda: para se determinar a importância e o Papel do Processo de Construção da Marca (Branding); aplicando-se o percentual de Papel do Branding aos ganhos intangíveis, podem-se identificar os ganhos atribuíveis à marca.

— Análise de Risco da Marca: para se avaliar a Força da Marca e daí a segurança da sua franquia, da qual é extraído um índice apropriado de desconto para se calcular o Valor Líquido Atual dos ganhos projetados da marca — o valor da marca (veja Ilustração 17.4).

Cálculo do retorno do investimento na marca

Tendo completado as três fases de análise descritas acima, resta apenas um pequeno passo para se identificar o "retorno do investimento na marca" ou, por exemplo, o "retorno do investimento em propaganda". Além disso, tendo

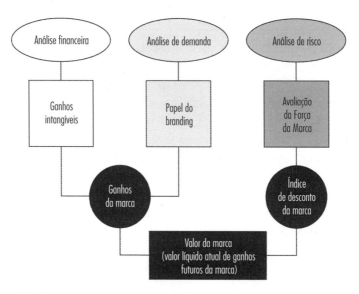

Ilustração 17.4 O Valor da Marca

preenchido todo o modelo da Cadeia de Valor, é possível aplicar-se esse cálculo tanto "retroativamente" — para avaliar a contribuição econômica ou eficácia de investimentos anteriores — quanto em relação ao futuro, para se elaborar um modelo do provável impacto sobre o valor que diferentes cenários de investimento exerceriam. Com isso, os proprietários de marcas ficam equipados para entender não só o retorno das opções alternativas, mas, o que é mais útil, de que modo se podem fazer esses investimentos com maior eficácia — em termos de escala, mídia e mensagem — para garantirem a maior probabilidade de sucesso.

Esse entendimento do retorno dos instrumentos de marketing tais como a propaganda reconhece e apreende o crescimento gradual do valor econômico que se manifesta nos diferentes estágios da cadeia de valor. Mais do que isso, é somente por meio dessa abordagem holística da criação de valor que se pode traçar um quadro do "retorno" que seja completo — quanto e por que —, racional e capaz de exercer impacto sobre os três canais principais do modelo do valor da marca, a saber:

- Crescimento da receita: pela avaliação objetiva do "resultado" de curto prazo
- Maior "influência da marca": pela avaliação objetiva da contribuição maior da marca para a demanda do cliente
- Maior força da marca: pela avaliação objetiva dos aumentos da probabilidade de a marca assegurar demanda futura.

Conclusões

Os processos de propaganda e marketing sob exame são compreensivelmente complexos e, em decorrência, o único modo de entendê-los com alguma certeza é pôr mãos à obra e adotar uma visão holística conforme descrevemos.

Esse procedimento sem dúvida custará mais investimento em termos financeiros, de tempo e de recursos, mas é necessário e na verdade, em última instância, apresenta a melhor relação custo/benefício se os proprietários de marcas quiserem administrá-las com a eficácia devida e assim vencer a concorrência. De fato, dados os níveis de gasto com propaganda e com branding em geral e a escala relativa dos ativos econômicos que as empresas vinculam à marca, é possível afirmar que tal abordagem está rapidamente se transformando de luxo em necessidade.

A argumentação em resumo: Capítulo 18

- Em geral, como era de se esperar, dentro de qualquer categoria de produto existe uma relação positiva e relevante entre o porte de uma marca em termos de vendas e o porte de seu dispêndio com propaganda.
- Uma marca maior possui mais recursos e, portanto, em termos absolutos, é muito provável que gaste mais em propaganda do que uma marca menor. É por isso que comparamos **participação no volume total de propaganda veiculada** e **participação no mercado**.
- Por exemplo, mantida a igualdade em todos os outros fatores, não surpreenderia descobrir que a participação no volume total de propaganda veiculada (PvtPV) de uma marca que tenha 5 por cento de participação no mercado (PnM) corresponde à metade da PvtPV de outra marca do mesmo mercado, com 10 por cento de PnM. Mas é claro que, na prática, as coisas raramente, ou nunca, são iguais.
- No mundo prático, a relação entre PvtPV e PnM num mercado não é uniforme e o propósito deste estudo é examinar se as mudanças nessa relação estão sistematicamente associadas a subseqüentes mudanças nas vendas.

Capítulo 18
A propaganda e o sucesso a longo prazo da marca premium*

Stephan Buck

Participação no Volume Total de Propaganda Veiculada *versus* Participação no Mercado: o primeiro estudo

A base de dados seminal nesta área foi construída por Jones [1-4] e utilmente descrita e adaptada por Broadbent.[5] Em 1987, os dados relativos à participação da propaganda e da marca eram coletados em muitos países, com um total de 1096 marcas. Jones foi o primeiro a dividi-las em dois grupos:

- Marcas que Investem (gasto excessivo) — PvtPV maior que PnM
- Marcas que fazem realização de lucros (gasto insuficiente) — PvtPV menor que PnM

O estudo detectou uma tendência de as marcas menores terem proporcionalmente PvtPV maior do que as marcas maiores, ou seja, havia uma proporção maior de marcas investidoras entre as de menor porte. Isso talvez se deva em parte ao fato de que, no caso das marcas maiores, a propaganda trabalha mais arduamente, em outras palavras, há economias de escala. Mas a relação pode ocorrer porque as novas (e pequenas) marcas geralmente requerem investimentos em propaganda que excedem sua participação no mercado inicial, enquanto algumas outras marcas, mais antigas e quase sempre maiores são "espremidas" a fim de proporcionarem economia e lucros maiores a curto prazo. A Tabela 18.1 apresenta um dos importantes resultados do estudo de 1987.

---

* Adaptado de Buck, Stephan (2001) *Advertising and the Long-Term Success of the Premium Brand*, publicado pela WARC para o Advertising Association Economics Committee.

Tabela 18.1 Marcas menores gastam proporcionalmente mais em propaganda

Participação no mercado (PNM)	% de Marcas investidoras (PvtPV > PnM)
1% para 3%	73%
4% para 6%	63%
7% para 9%	59%
10% para 12%	55%
13% para 15%	44%
16% e acima	41%
Todas as marcas	56%

Fonte: Jones[2]

A correlação de modo algum é perfeita (por exemplo, 41 por cento das marcas maiores são investidoras), mas aparentemente a própria base ampla da amostra revelou uma relação básica. Infere-se desses resultados que a diferença entre PvtPV e PnM tende a ser maior para as marcas menores. Isso conduziu ao desenvolvimento da AIC (*Advertising-Intensiveness Curve* — Curva de Intensidade da Propaganda), feito por Jones, com que se tabularam os resultados das 666 marcas dos mercados de bens embalados (veja a Tabela 18.2). Essa relação tem sido usada como instrumento de planejamento orçamentário.

Novamente, o estudo da Tabela 18.2 mostra que a relação não é perfeita. Por exemplo, a despeito do fato de que, na tabela, a diferença **média** (PvtPV - PnM) para os 13-15 por cento do grupo de PnM é **positiva** (valor de +1), os resultados da Tabela 18.1 mostram que mais de 50 por cento das marcas nesse grupo têm uma PvtPV **menor** que a sua PnM. Dada a variabilidade que, portanto, existe entre as marcas dentro de um grupo de participação, por todas as razões práticas descritas acima, parece duvidoso que essas médias descobertas sejam muito úteis para se discernirem os efeitos das mudanças no dispêndio com propaganda de uma marca específica. Em outras palavras, nós temos uma

Tabela 18.2 A relação de intensidade da propaganda

Participação no mercado (PNM)	PvtPV - PnM (pontos percentuais)
1% para 3%	+5
4% para 6%	+4
7% para 9%	+2
10% para 12%	+4
13% para 15%	+1
16% para 18%	+2
19% para 21%	0
22% para 24%	−3
25% para 27%	−5
28% para 30%	−5

Fonte: Jones[2]

certa reserva acerca do uso dessas descobertas para propósitos operacionais,* embora a relação geral seja interessante.

A maior parte do primeiro trabalho parece concentrar-se nas diferenças absolutas entre PvtPV e PnM e em seu relacionamento com a participação da marca. Tanto intuitiva quanto matematicamente, pareceria mais racional e desejável trabalhar com o índice PvtPV/PnM do que com a diferença absoluta. Primeiro, porque o PvtPV/PnM de uma marca equivale ao índice de sua propaganda em relação às vendas e em comparação com os seus concorrentes na categoria do produto e, portanto, tem significado especial. Segundo, embora uma diferença absoluta de, digamos, 3 pontos percentuais de PvtPV seja a mesma em termos de custo absoluto, independentemente da participação da marca, sem dúvida é de se esperar um efeito relativo sobre uma marca com 3 por cento de participação no mercado maior do que sobre uma marca com 30 por cento de participação no mercado.**

PvtPV *versus* PnM no presente trabalho: comparação com o primeiro estudo

É possível fazer-se a associação entre PvtPV e PnM referente a 1975, o ano-base do nosso estudo, e depois em relação a anos mais recentes. São necessárias algumas advertências concernentes à comparação com o primeiro estudo:

1. O nosso estudo enfoca as marcas números 1 e 2 dentre 26 diferentes categorias de produtos de consumo (*fmcg*). Desse modo, as marcas tendem a ser relativamente grandes (média de 26 por cento de participação no mercado em 1975). A distribuição das participações no mercado está positivamente inclinada, em comparação com estudos anteriores.
2. Com um máximo de 52 observações, a variabilidade devida a outros fatores do mercado (descritos acima) pode mascarar quaisquer relações básicas existentes.
3. O número de rótulos dos varejistas no Reino Unido é significativamente maior do que na maioria dos outros países. Em geral não se faz propaganda desses rótulos e daí se infere que a média de PvtPV será mais alta do que a média de PnM, sendo esse último mensurado na categoria do mercado total. Segue-se que, na média, PvtPV - PnM será positivo e PvtPV/PnM >1.

---

* Conforme Broadbent assinala num contexto geral,[5] ... "Eu não administro uma marca média, então por que deveria confiar numa média?"
** Para citar Barwise,[6] "... tudo é relativo à concorrência. O que realmente importa é o dispêndio relativo com propaganda (como um percentual das vendas, o índice propaganda/vendas) ..."

Esse aspecto, embora apontado por Jones,[1,2] não foi levado em consideração nas suas análises subseqüentes. Os efeitos podem não ter sido muito notados em 1987, quando os rótulos particulares eram menos significativos. Além disso, Jones estava trabalhando com resultados de um estudo multinacional, que incluía territórios onde esses rótulos não tinham relevância. Provavelmente os efeitos serão mais importantes para o nosso estudo, uma vez que não só o rótulo dos varejistas é bastante proeminente no Reino Unido, como também aumentou significativamente, passando de cerca de 16 por cento em 1975 para 29 por cento em 1999 nos 26 mercados estudados. Essa questão é investigada mais abaixo.

Claro que o desequilíbrio entre PvtPV e PnM — gerado pela presença de rótulo de varejistas e de outras marcas não divulgadas por propaganda — deve ser levado em conta, especialmente no Reino Unido, na hora de se elaborarem os orçamentos de propaganda. Uma solução óbvia é computar as participações no mercado somente das marcas divulgadas por propaganda.

4. O estudo usou dados relativos a volume para calcular participações no mercado, embora os nossos dados se refiram a dispêndio. Novamente, isso pode afetar os níveis médios, mas não deve alterar em grande medida as relações básicas.

Por todas essas razões, não é de surpreender que alguns dos resultados deste trabalho se revelem diferentes daqueles do estudo de Jones. Contudo, se existe uma conexão real e significativa entre PvtPV e PnM, essa deve mostrar-se em nosso trabalho e a nossa primeira tarefa consiste em examiná-la num alto nível de generalidade.

A Ilustração 18.1 mostra um diagrama disperso que compara o PvtPV com PnM relativo a 1975, ano inicial do estudo; os resultados dos outros anos, em que tanto o PvtPV quanto o PnM estão disponíveis, são bastante similares. Em geral, e conforme esperado, as participações no mercado estão associadas a maiores participações no volume total de propaganda veiculada, embora, dadas as condições específicas de certos mercados, a relação de modo algum seja perfeita (correlação de 0,75).

A Tabela 18.3 compara os níveis médios de PvtPV e PnM das marcas agrupadas por porte. Os resultados de 1975, ano inicial desse estudo, e os de 1999, ano final, são apresentados separadamente. As colunas mostrando as diferenças médias entre PvtPV e PnM e a relação PvtPV/PnM oferecem a oportunidade de se traçar uma comparação com os resultados originais de Jones descritos anteriormente, embora com uma base de dados muito menor.

Antes de traçarmos comparações com o primeiro trabalho, precisamos levar em conta a nossa advertência anterior, que chama a atenção para o signifi-

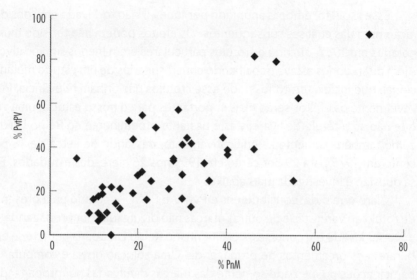

Ilustração 18.1 Diagrama disperso que compara PvtPV com PnM de 1975

Tabela 18.3 Médias de PvtPV e PnM agrupadas por porte (1975 e 1999)

	1975		1999	
	Marcas < 22% de participação	Marcas > 22% de participação	Marcas < 23% de participação	Marcas >23% de participação
PvtPV média menos PnM	+5,8	+4,4	+9,9	+12,5
PvtPV média/PnM	1,5	1,1	1,6	1,3
% Marcas investidoras	57%	57%	61%	74%

Fonte: Taylor Nelson Sofres plc

cativo papel desempenhado pelos produtos com rótulo de varejista no Reino Unido. Por essa razão — e porque algumas outras marcas do mercado não fazem propaganda —, os valores da PvtPV média devem necessariamente ser maiores do que os da PnM média, embora tenhamos calculado esse último em relação a todas as marcas da categoria.

Para ilustrar o efeito disso, a Tabela 18.3 é repetida, mas removendo-se de cada categoria de produto o percentual de participação no mercado dos rótulos dos varejistas (Tabela 18.4).

A eliminação dos rótulos de varejistas aumenta a participação no mercado das marcas remanescentes e, em decorrência, altera a linha divisória entre pequeno e grande portes. Quando analisados desse modo, os resultados se aproximam mais daqueles do estudo de Jones. A PvtPV das marcas menores é maior — em relação à participação no mercado — do que a das marcas maiores, tan-

Tabela 18.4 Médias de PvtPV e PnM das marcas agrupadas por tamanho (excluindo-se a participação dos rótulos dos varejistas)

	1975		1999	
	Marcas <28% de participação	Marcas >28% de participação	Marcas <23% de participação	Marcas >23% de participação
PvtPV média menos PnM	+2,4	−2,5	+4,3	−2,5
PvtPV média/PnM	1,2	0,9	1,1	1,0
% Marcas investidoras	43%	43%	55%	42%

Fonte: Taylor Nelson Sofres plc

to no estudo de 1975 quanto no de 1999. Não havia diferença na participação das marcas investidoras em 1975, mas, em 1999, as marcas menores mostraram uma propensão maior para investir.

Sucesso da marca em relação à participação no volume total de propaganda veiculada: os mesmos resultados anteriores

Um dos benefícios mais importantes do estudo original de Jones foi mensurar em que grau as marcas com participação crescente eram marcas investidoras (PvtPV > PnM). Seus resultados para as marcas maiores (acima de 13 por cento de participação no mercado) mostraram que 48 por cento das marcas com "participação em ligeira ascensão" eram investidoras, comparadas com apenas 37 por cento das marcas que estavam com "participação em ligeira queda". Além disso, a análise de Jones relativa às marcas maiores no setor de bens embalados revelou que as marcas com tendência de crescimento nas vendas tinham, na média, maior probabilidade de apresentar uma PvtPV mais elevada em relação à sua PnM do que as marcas com vendas estáticas. As marcas com tendência de queda nas vendas apresentaram, na média, PvtPV mais baixo em relação à sua PnM do que as marcas estáticas.

Isso sugere que a manutenção de índices propaganda/vendas relativamente altos desempenha algum papel no sucesso subseqüente da marca. Contudo, a divisão das marcas em dois grupos — "em ascensão" ou "em queda" — foi presumivelmente realizada em função do conhecimento de tendências recentes de vendas, conduzindo ao período em que a análise se baseou. Isso significa que foi difícil separar causa e efeito (como Jones deixa claro), uma vez que o sucesso no mercado pode conduzir a orçamentos de propaganda mais amplos e assim, a uma PvtPV relativa maior.

Os dados disponíveis para nós no presente estudo nos permitem avançar em outra direção, i.e., podemos mensurar o grau em que uma PvtPV relativamente alta no ano-base se correlaciona com o sucesso subseqüente da marca.

O sucesso da marca e a PvtPV: alguns resultados novos

A pesquisa anterior revelou o fato de que muitas das marcas que ocupavam a primeira ou a segunda posição em seu segmento em 1975 continuaram a prosperar ao longo dos anos, de modo que em 1999 ocupavam posições similares ou até mesmo melhores. E isso a despeito das significativas incursões feitas, ao longo dos anos, em praticamente todos os mercados pelos produtos com rótulo do varejista. Não surpreendentemente, houve outras marcas que não tiveram um desempenho tão bom e algumas que se saíram bastante mal. Em alguns casos, as marcas fracassadas foram vítimas de mudanças de gosto por parte do consumidor, passaram por processos de racionalização ou por aquisições, mas precisamos investigar em que medida um amplo dispêndio com propaganda desempenhou um papel nesse insucesso. Podemos dividir as marcas com base em seu progresso entre os anos 1975 e 1999 em três grupos:

1. Grupo 1 (Fracassadas): Marcas que perderam posição e participação
2. Grupo 2 (Estáticas): Marcas que mantiveram a posição, mas perderam participação
3. Grupo 3 (Vencedoras): Marcas que mantiveram a posição e ganharam participação

A Tabela 18.5 examina, em cada grupo, as relações iniciais, de 1975, entre PvtPV e PnM.

Fica claro que as marcas que se saíram bem ao longo dos anos tendiam a apresentar um índice de propaganda em relação às vendas mais elevado do que as marcas menos bem-sucedidas. Uma análise da variação mostra que as diferenças entre os três grupos não chega a ser significativa ($p = 0,11$), embora a diferença entre as "vencedoras" e os outros dois grupos o seja ($p = 0,036$).

O sucesso ou fracasso de uma marca num período de 24 anos obviamente depende de muitos fatores e não apenas do índice propaganda/vendas no ano base. Para investigar a associação num período mais curto e mais recente, foi elaborada uma análise para se descobrir em que medida as tendências de

Tabela 18.5 PvtPV em relação à PnM em 1975 nos três grupos de marca

Grupos de marca com base no desempenho de 1975 a 1999	PvtPV médio - PnM 1975	PvtPV médio/PnM 1975
Fracassadas	1,6	1,0
Estáticas	2,1	1,2
Vencedoras	11,1	1,6

Fonte: Taylor Nelson Sofres plc

participação da marca no período entre 1995 e 1999 se associavam ao índice propaganda/vendas em 1995 (veja a Tabela 18.6).

O tamanho das amostras é pequeno (cada uma tem cerca de nove marcas), mas o padrão de resultados parece indicar uma associação entre o progresso de uma marca e o grau em que sua PvtPV excede sua PnM ($p = 0{,}07$).

Tabela 18.6 PvtPV v PnM em relação às tendências de participação das marcas (1995 a 1999)

Marcas agrupadas com base em mudanças no PnM 1995 a 1999	PvtPV médio - PnM 1995	PvtPV médio/PnM 1995
Queda de 2 ou mais pontos na participação	−1,5	1,1
Queda de até 2 pontos na participação	−0,3	1,0
Elevação de até 2 pontos na participação	+11,4	1,6
Elevação de 2 ou mais pontos na participação	+21,8	1,9

Fonte: Taylor Nelson Sofres plc

A Tabela 18.7 fornece resultados correspondentes para os períodos de 1995 a 1997 e de 1997 a 1999 respectivamente; ambos os conjuntos de dados ilustram novamente a relação entre as marcas em crescimento e índices mais elevados de propaganda/vendas.

Deve-se enfatizar que o nosso critério para definir o sucesso da marca consiste no crescimento da participação no mercado e não o do lucro, já que é praticamente impossível isolar o lucro de uma única marca, que normalmente faz parte de um conglomerado. Nem sempre existe um elo entre crescimento da participação no mercado e crescimento dos lucros — o primeiro pode ser adquirido no curto prazo à custa do segundo. Contudo, esse desequilíbrio raramente dura muito. O crescimento obtido por meio de estratégias que impliquem perdas não constitui uma boa receita para a sobrevivência da marca: a longevidade das marcas de sucesso sugere que o crescimento da participação no mercado é um indicador aceitável do seu sucesso. Se for esse o caso, parece inegável que existe uma relação entre a manutenção de uma alta participação no volume total de propaganda veiculada e a criação de uma marca que permanecerá bem-sucedida por um longo período.

Tabela 18.7 PvtPV v PnM em relação às tendências de participação das marcas

	Desempenho de 1995 a 1997		Desempenho de 1997 a 1999	
	PvtPV médio - PnM 1995	PvtPV médio/PnM 1995	PvtPV médio - PnM 1997	PvtPV médio/PnM 1997
Marcas em queda ou estáticas	3,5	1,2	4,7	1,0
Marcas em ascensão	10,5	1,4	14,4	2,0

Fonte: Taylor Nelson Sofres plc

Referências

1. Jones, J. P. (1989). *Does It Pay to Advertise*. Lexington Books.
2. Jones, J. P. (1992). *How Much is Enough?* Maxwell MacMillan International.
3. Jones, J. P. (org.) (1999). *How to Use Advertising to Build Strong Brands*. Sage Publications.
4. Jones, J. P. (org.) (1999). *The Advertising Business*. Sage Publications.
5. Broadbent, S (1989). *The Advertising Budget*. NTC Publications Ltd.
6. Barwise, T. (org.) 1999). *Advertising in a Recession*. London Business School/ NTC Publications.

Os dados do Superpanel Taylor Nelson Sofres são copyright de Taylor Nelson Sofres plc.

Síntese da argumentação: Capítulo 19

Em resumo, as comunicações de propaganda e marketing podem ajudar a marca corporativa a obter melhores resultados no relacionamento com todos os seus grupos interessados e, em conseqüência, a conquistar o sucesso empresarial, do que se contasse apenas com o contato pessoal e o boca-a-boca.

Existe um elo causal nítido entre percepção elevada por parte dos consumidores, ou "fama", de uma marca corporativa e maior disposição favorável em relação a ela. A pura "inclinação para gostar" de suas comunicações de propaganda e marketing ajuda a desenvolver essa percepção, assim completando um círculo virtuoso para a marca.

Entre muitas coisas, as marcas corporativas fortes podem:

- Criar vantagem competitiva na batalha para atrair e reter clientes
- Exercer maior influência no relacionamento com fornecedores
- Melhorar o relacionamento com investidores
- Atrair e reter bons empregados
- Ampliar a percepção, em relação à empresa e sua administração, dos formadores de opinião nas esferas governamentais, financeiras e jornalísticas
- Exercer maior influência em fusões e aquisições
- Melhorar as relações dentro das comunidades em que opera.

Capítulo 19
Como a propaganda trabalha para as marcas

Hamish Pringle

Marcas corporativas versus marcas ao consumidor final

A compreensão do poder do branding e de sua aplicação a produtos e serviços se disseminou para além dos varejistas de bens de consumo, que inventaram a disciplina. Acontecia que as "corporações" raramente eram consideradas como marcas, porque vendiam mais para outras empresas do que para o consumidor final.

Quando embarcou em suas campanhas publicitárias corporativas, no final dos anos 1960 e início da década de 1970, o grupo ICI constituía uma minoria. Atualmente, como nunca antes, as corporações de praticamente todos os setores atribuem grande importância a seu branding.

O conceito de "marca corporativa" concentrado nas sombrias holdings que agiam por trás dos bastidores mudou, voltando-se para uma multiplicidade de organizações que devem ter uma grande visibilidade como um de seus principais atributos, mesmo que sua verdadeira base de clientes em transações empresa-a-empresa (business-to-business) seja numericamente pequena.

Transparência e a era interativa

Um aspecto relevante nesse processo é o advento da era da "transparência", gerada pela cada vez mais ubíqua e invasiva mídia e, claro, pela Internet. Um dos fatores que impulsionaram em parte essa nova visibilidade foi a democratização da detenção de ações, que gerou muito mais notícias corporativas de interesse pessoal de milhões de pessoas de fora do núcleo da comunidade financeira a que originalmente costumavam restringir-se.

A transparência também foi reforçada por *lobbies* de defesa do consumidor cada vez mais vociferantes, que advogam um espectro de causas que são desafiadoras para o universo corporativo e que demandam respostas: poluição ambiental, desenvolvimento sustentável e a mão-de-obra do Terceiro Mundo, para citar só três. Rara é a empresa que não dispõe de website, de um serviço de atendimento ao cliente ou de um centro de atendimento telefônico. Os cidadãos que quiserem fazer uma reclamação podem acessar uma profusão de informações da empresa com um clique em seu mouse, exigir uma resposta por e-mail ou simplesmente telefonar para o escritório do CEO. É por isso que é cada vez mais importante, para a marca corporativa, ajustar seus valores internos em consonância com os externos e, assim, assegurar uma resposta coerente e holística para os clientes.

Marcas corporativas na economia globalizada

A Internet também possibilita aos clientes, por meio de plataformas empresa-a-empresa, acessar um vasto leque de opções de fornecedores. Nesse contexto potencialmente desorientador, as marcas fortes atuam como um sinalizador, para os compradores, num mercado tão avassaladoramente exuberante. À medida que a economia global se desenvolve, as corporações, capacitadas por uma cada vez mais sofisticada cadeia de administração e impulsionadas pelas economias de escala, precisam alcançar os clientes em mercados geograficamente distantes da sua sede. Uma marca corporativa forte funciona como embaixadora quando as empresas entram em novos mercados ou oferecem novos produtos. Isso também molda a estratégia da corporação, ajudando a definir quais iniciativas se encaixam no conceito da marca e quais não se encaixam.

É por isso que as empresas, que antes calculavam seu valor estritamente em termos de ativos tangíveis, apercebem-se cada vez de que uma marca forte é igualmente importante, mesmo sendo intangível, e também deve ser cultivada e protegida. Os corretores de valores do mundo hoje se dão conta de que uma marca corporativa forte tem o poder de fixar um preço premium para os clientes e sustentar o preço da ação da empresa nos mercados. Daí o interesse crescente pela valorização da marca.

Quatro tipos principais de arquitetura da marca

Existem quatro tipos principais de marcas corporativas, que operam ao longo de todo um espectro. Isso se estende de um extremo — em que a corporação está por trás das empresas que, essas sim, oferecem uma variedade de produtos ou serviços diferentes — a outro, em que a própria empresa é a marca. Abaixo apresentaremos os esquemas de "arquiteturas de marcas" dos quatro tipos principais.

O primeiro (veja Ilustração 19.1) mostra o cenário em que a corporação é a organização guarda-chuva, freqüentemente uma Sociedade Anônima inscrita no pregão da Bolsa de Valores, sob a qual operam empresas subsidiárias geralmente não inscritas, as quais, por sua vez, comercializam marcas junto aos clientes.

Um exemplo de arquitetura de marca desse tipo é a Unilever, que possui uma série de subsidiárias com marcas, tais como Lever Fabergé, Unilever Best Foods e Birds Eye Walls, cada uma das quais, por seu turno, comercializa uma variedade de marcas fortes com identidades próprias, tais como Persil, Hellmanns e Magnum.

Uma das atrações dessa estrutura é o alto grau de isolamento entre as marcas da linha de frente e a corporação holding citada, dois níveis acima delas. Há casos em que, tendo uma de suas subsidiárias com o mesmo nome sofrido publicidade negativa, a corporação muda a identidade da holding para criar uma certa "distância" entre ambas. A mudança da Woolworth para Kingfisher e a da Saatchi & Saatchi para Cordiant e sua volta posterior para o nome original são exemplos dessa estratégia.

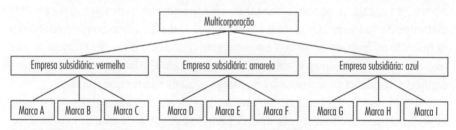

Ilustração 19.1 A corporação como uma organização guarda-chuva

O segundo tipo de arquitetura (veja Ilustração 19.2) é aquele em que a corporação comercializa uma série de marcas de produtos ou serviços sob nomes e identidades diferentes, que não mantêm qualquer relação com a corporação em si, mas em que seu nome ou logo é usado como se fosse a sua "casa" e que lhes dá endosso. Essa é a situação da Pfizer com as suas marcas Benylin, Sudafed e Viagra.

Geralmente o nome da "casa" é apresentado de forma secundária na embalagem e na propaganda, com a principal identidade da marca estampada na frente. O esforço cumulativo de bilhões de exposições de anúncios gera a va-

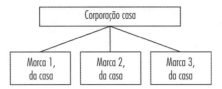

Ilustração 19.2 A empresa comercializa uma série de produtos ou marcas sem relação com ela

liosa reputação de qualidade, presumindo-se, é claro, que o desempenho da marca individual seja bom. Assim o nome da casa se torna uma marca em si mesma e pode constituir um endosso bastante eficaz, principalmente quando se trata de auxiliar no lançamento de produtos.

O terceiro tipo é aquele em que a corporação é efetivamente a marca (veja Ilustração 19.3) e vende um leque de produtos, que são comercializados essencialmente sob a mesma identidade, mas empregando submarcas para distinguir linhas específicas. Um exemplo dessa arquitetura de marca é o da Virgin, com sua pletora de extensões, cada uma com sua submarca, nos mercados mais díspares, desde a Virgin Atlantic (companhia aérea) e Virgin Trains (companhia de trens) até a Virgin Bride (serviços completos para noivas, desde o vestido até a organização da cerimônia e a lua-de-mel) e Virgin Cola (refrigerante).

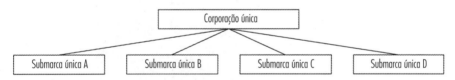

Ilustração 19.3 A corporação é efetivamente a marca

O quarto tipo é o caso (veja Ilustração 19.4) em que a corporação é a marca e em que é difícil discernir muito mais do que as descrições genéricas dos produtos ou serviços que fornece aos clientes. É o que acontece com os varejistas como a Pizza Express ou a Gap, com as empresas de produto único como a Rolls-Royce ou Orange, com multinacionais como a BP ou BT, ou mesmo com os proprietários de empresas de mídia como *The Sunday Times* ou a MTV.

Ilustração 19.4 A corporação é a marca

O denominador comum da "fama"

O que todas essas marcas corporativas têm em comum — e na verdade compartilham com muitas marcas de produtos — é que a sua pura percepção (por parte dos consumidores) está intimamente ligada a impressões favoráveis. (É evidente que ter má reputação em virtude de produtos ou serviços ruins ou por negligenciar a cidadania corporativa é prejudicial.)

Essa idéia fundamental de que o primeiro passo rumo à construção do relacionamento com o cliente consiste em simples percepção foi brilhantemente expressa pela famosa propaganda da McGraw-Hill reproduzida na Ilustração 19.5.

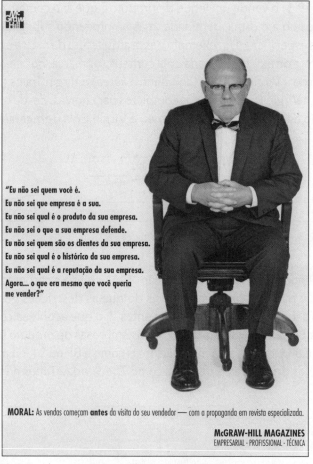

Ilustração 19.5 Simples percepção. © The McGraw-Hill Companies, Inc. Reproduzida com a permissão de The McGraw-Hill Companies

Da familiaridade à disposição favorável

As comunicações de propaganda e marketing podem influenciar as marcas corporativas de modo muito positivo simplesmente por elevar o nível de percepção e familiaridade. Familiaridade se traduz facilmente em disposição favorável ou inclinação para gostar, o componente mais eficaz da reputação de uma marca. Provas irretorquíveis de que a familiaridade e a disposição favorável mantêm uma íntima e positiva correlação são fornecidas pelo conhecido estudo de monitoramento de satisfação (*tracking research study*) MORI acerca de reputação corporativa. Essa relação familiaridade/disposição favorável pode ser vista com maior nitidez na Ilustração 19.6.

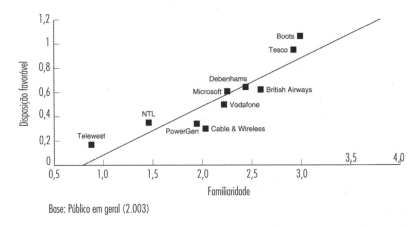

Ilustração 19.6 O estudo de MORI acerca de reputação corporativa. (Fonte: MORI, novembro de 2000)

A proposição da propaganda da McGraw-Hill — de que uma maior percepção espontânea da marca traduz-se em maior propensão a fazer negócios — é na realidade confirmada pelos dados do setor de serviços financeiros fornecidos pela Ipsos-RSL na Ilustração 19.7.

O aspecto fundamental é que a marca corporativa deve cuidar para que, por meio das comunicações de propaganda e marketing, consiga atingir um alto grau de percepção, disposição favorável e inclinação para gostar. Se isso for de fato bem feito, o passo seguinte para a marca é criar a reputação de que cumpre suas promessas. Esse procedimento conquistará a confiança genuína do cliente. As comunicações de propaganda e marketing também são essenciais para alcançar essa posição.

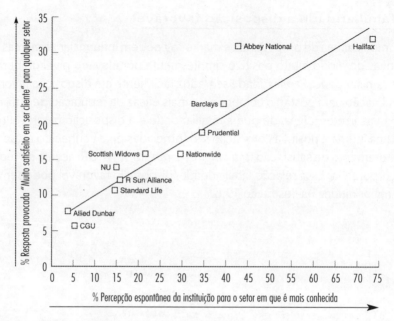

Ilustração 19.7 Propensão em termos gerais para se tornar cliente de instituições financeiras em relação à percepção espontânea dessas marcas na categoria de serviços pela qual são mais conhecidas. (Fonte: Ipsos-RSL SyFT, 1999)

A importância da confiança

Essa confiança pública na marca pode constituir um bem de grande influência positiva se a corporação for chamada a se defender — como, por exemplo, no caso de contaminação de um produto ou se for processada por um empregado dotado de mau caráter. Como resultado desse investimento de longo prazo em seu brand equity, a Ford provavelmente sairá incólume, enquanto a Firestone Tyres, a outra parte envolvida nos casos de responsabilidade em relação à qualidade do produto nos EUA, talvez não.

O uso da comunicação de massa para fazer promessas em público, que a organização terá de cumprir, é um modo altamente eficaz de conquistar um extenso público-alvo e estabelecer uma relação de confiança. Mas ai da empresa que fizer tais promessas e falhar em cumpri-las!

Do mesmo modo, a propaganda e outras formas de comunicação de marketing constituem um método eficaz para se definirem as cartas de compromisso e as garantias. É por meio da clareza acerca dos códigos de conduta ou dos "bons modos da marca" da corporação que se administra a expectativa de todos os grupos interessados da empresa e se possibilita à marca promover a duradoura satisfação do cliente.

A John Lewis Partnership, a Kwikfit, The Carphone Warehouse e a Pret à Manger são todas marcas corporativas líderes que fazem de suas cartas de compromisso um ingrediente-chave de suas promessas.

Divulgação da história da empresa para construir a moral

Uma "história" coerente e cativante, contada com eficácia pelos líderes da corporação, recontada pelos seus empregados e levada a público pela propaganda ajuda enormemente a motivar a organização como um todo e a alinhar seus esforços em prol das metas comuns. A "história" da corporação, conforme divulgada por meio de propaganda, websites, relações públicas ou eventos públicos criam "emoção", entusiasmo e motivação. Esses são elementos especialmente importantes para se construir e manter a moral dos empregados. As empresas que dão ao seu pessoal mais do que razões materiais para "levantar-se da cama de manhã" colhe recompensas substanciais em termos de comprometimento dos empregados.

A decisão de The Co-operative Bank de investir apenas em empresas éticas e de articular essa postura de modo coerente na sua propaganda e no seu comportamento foi fortemente amparada pelos seus empregados. Os resultados da pesquisa com a equipe (Ilustração 19.8) demonstram o seu apoio à marca:

Ilustração 19.8 Resultados da pesquisa com a equipe de The Co-operative Bank

97% satisfeitos com a decisão do banco sobre políticas éticas
97% acreditam que essa postura exerce um efeito direto sobre o recrutamento de clientes
89% acreditam que exerce um efeito direto na retenção de clientes
89% se sentem orgulhosos de trabalharem em The Co-operative Bank
88% percebem a empresa como membro responsável da sociedade
87% sentem que a empresa se preocupa com seu impacto sobre o meio ambiente
82% acreditam que essa postura exerce um efeito positivo sobre o serviço prestado aos clientes

Fonte: Pesquisa com os empregados de The Co-operative Bank, março de 1998

A Tesco, com o foco nos empregados e atenção aos detalhes do mercado varejista, resumiu seu trabalho ético no lema que embasou sua campanha publicitária e que agora permeia a organização inteira, tornando-se seu etos. Não há dúvida de que o foco coerente em "O pouco que ajuda" foi fundamental para ajudar a rede de supermercados Tesco a conquistar a liderança da marca num dos mais competitivos de todos os setores do mercado do Reino Unido. Ao mesmo tempo, esse seu duradouro programa de marketing social, "Computadores para as Escolas", agregou um valioso benefício de caráter mais elevado na prosaica atividade de fazer compras, tanto para os empregados quanto para os clientes.

Conclusões

Para obter sucesso no moderno meio ambiente social, econômico e político, as marcas corporativas devem concentrar-se em executar realmente bem três tarefas inter-relacionadas: tornar-se famosa, conquistar a disposição favorável do cliente e ser coerente (Ilustração 19.9). As comunicações de propaganda e marketing eficazes, aliadas a um comportamento corporativo coerente e transparente, são fundamentais para conquistar as três.

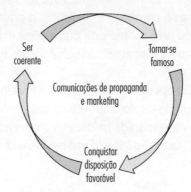

Ilustração 19.9 Os três requisitos interligados para o sucesso

Síntese da argumentação: Capítulo 20

- Este capítulo discorre sobre o surgimento de uma "nova geração" de marcas totalmente diferentes das convencionais, geralmente de bens de consumo, que dominam o pensamento tradicional.
- Essas marcas "não-convencionais" demandam um novo conjunto de regras, tanto para o modo como as vemos e avaliamos, como também para a maneira como caracterizamos o processo de decisão de comprá-las.
- O capítulo sugere que, para essas marcas, "adesão" é um termo mais apropriado do que "compra" e descreve o "processo de decisão de adesão".
- Finalmente, o capítulo examina o papel que a propaganda pode desempenhar em cada estágio desse processo e, em termos gerais, como pode agregar valor também às marcas não-convencionais.

Capítulo 20
A propaganda e a marca não-convencional

Leslie Butterfield

Introdução

Todos os demais capítulos deste livro (e a maioria dos exemplos apresentados em cada um) se referem à propaganda para marcas comerciais de produtos ou serviços. Na verdade, a maioria desses exemplos ilustra o que poderíamos chamar de marcas "tradicionais", que existem (principalmente no universo dos produtos de consumo) como simples produtos físicos que você compra, usa e (espera-se) torna a comprar. Claro que há exemplos de marcas mais "complexas" — carros, linhas aéreas, lojas, cartões de crédito — e o papel da propaganda nessas categorias também é claramente mais complexo.

O que ainda não foi realmente examinado em lugar nenhum — e, contudo, é objeto de um crescente interesse — é que papel a propaganda pode desempenhar no caso das marcas que podemos chamar de "não-convencionais".

O que se quer dizer com "não-convencional"?

A Ilustração 20.1 mostra uma constelação de diferentes tipos de marca. Seu objetivo não era o de ser abrangente, mas sim ilustrar o escopo e a diversidade das marcas no mundo atual. Os tipos de marca (com exemplos em cada caso) variam do simples ao complexo, do facilmente identificável ao mais impreciso e do tangível ao intangível. Minha tese é a de que, à medida que descemos nesse espectro, principalmente para baixo do ponto médio, encontramos mais e mais marcas que não se enquadram tão facilmente dentro das definições convencionais de marca.

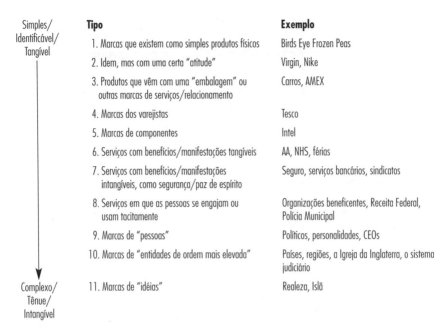

Ilustração 20.1 Tipologia de marcas

E também a de que, na verdade, em decorrência da natureza da relação que buscam manter com seus usuários, ou do tempo de duração desse relacionamento ou mesmo do modo como se definiria "usuário", essas marcas se comportam de maneira muito diferente das marcas tradicionais. Daí o rótulo "não-convencional".

Definição de marca não-convencional (MNC)

A implicação aqui é a de que, para abranger todos esses novos tipos, torna-se necessária uma nova definição de marca, reconhecendo que algumas das definições "clássicas" da literatura do marketing são absolutamente insuficientes para compreender todos os aspectos das marcas não-convencionais. Eis um esboço de como se poderia definir marca:

> Marca pode ser qualquer coisa da qual as pessoas que com ela interagem possam ou tenham o direito de, no futuro, extrair algum tipo de "valor" ou expressar algum elemento da sua identidade e da qual a organização provedora procure auferir valor — monetário ou não.

Aspectos a realçar:

- Existe uma transação implícita aqui entre o usuário e o provedor, mas seu caráter pode ser inteiramente emocional.
- A identidade — e, portanto, a identificação — pode constituir uma parte fundamental da transação.
- A transação não envolve necessariamente compra.
- Embora a "interação" possa ocorrer hoje, seu "valor" pode concretizar-se em algum momento do futuro.
- O público-alvo da marca pode não ser "usuário" no sentido tradicional.

Então, de que tipos de marca estamos falando aqui, que necessitam dessa definição "ampliada"?

Bem, trata-se no mínimo dos tipos *mais* complexos de marca "tradicional":

- Varejistas
- Serviços tangíveis
- Marcas de componentes

Na verdade, porém, a área que mais interessa para a nossa reflexão é a das organizações, instituições ou indivíduos na metade inferior da nossa tipologia que (a) possam ter só recentemente despertado para a realidade de seus "status de marca" ou (b) possam na verdade jamais ter pensado sobre si mesmos como marca.

Na primeira categoria podemos situar as marcas que estão lutando para definir ou redefinir seu propósito. Esses exemplos podem incluir:

- Movimento Cooperativista Internacional
- TUC (central sindical britânica)
- NHS (sistema de serviços de saúde do Reino Unido)
- Partido Conservador
- Polícia
- Exército da Salvação
- Igreja da Inglaterra, etc.

Na segunda categoria podemos situar aqueles que podem surpreender-se (ou mesmo ofender-se) se a palavra "marca" for usada em relação a eles:

- Políticos
- (algumas) Instituições beneficentes
- CEO de uma organização
- Um programa específico de TV

- Sistema penal
- Programas de estágio em empresas
- Associações de profissionais autônomos
- Países, regiões, cidades, ruas
- Religiões (p.ex. islamismo) etc.

No caso de muitas dessas marcas, os benefícios que proporcionam podem atingir a sociedade como um todo e daí para além, para os indivíduos específicos com quem interagem. Em outras palavras, elas podem ter relacionamento direto com empregados, membros, usuários ou grupos interessados, mas buscam ou requerem apoio de um setor mais amplo da sociedade.

Por que as MNC são diferentes das marcas "tradicionais"?

Conforme demonstram os exemplos acima, as MNC não são necessariamente as que eu compro (ou consumo). Pode tratar-se de uma marca presente em algum lugar que eu visite, ou de um serviço (gratuito) que eu utilize, algo em que eu possa ou não acreditar, algo oriundo dos impostos que eu pago, uma organização de que eu talvez precise no futuro etc. Minha interação pode ser diferente também — não uma compra, mais provável que seja um encontro, uma "convergência" momentânea com a minha vida, um recurso de que talvez precise me aperceber etc. Assim, o "prazo" (i.é, o tempo de duração) do relacionamento com essa marca pode ser diferente — longo prazo, presença constante na mente, uso raro ou remoto (por exemplo, como doador ou colaborador). Em conseqüência, as minhas expectativas também podem ser diferentes e se referirem menos à utilidade e mais à confiança e até mesmo permanência.

Como resultado, assim como as definições "clássicas" de marca são insuficientes, assim também o são os modelos "clássicos" do processo de decisão de compra. Em decorrência, o papel da propaganda para tais marcas também pode ser radicalmente diferente.

A propaganda e o processo clássico de decisão de compra

Na maioria das decisões rotineiras de compra de marca, o processo normalmente adotado é muito simples (veja Ilustração 20.2). Simples, talvez, a ponto de ser simplista — principalmente desde que esse tipo de processo segue em paralelo aos igualmente singelos modelos de "efeito da propaganda" desenvolvidos nos EUA nos anos 1960. Eis um exemplo clássico:

Percepção ➞ Interesse ➞ Desejo ➞ Ação

Embora ainda amplamente empregado, esse modelo "passo a passo" hoje é visto pela maioria dos profissionais da propaganda como um tanto ingênuo:

a) Porque as relações dos consumidores mesmo com as marcas convencionais são bem mais complexas.
b) Porque as marcas existem em parte para criar hábitos e moldar comportamento
c) Porque as comunicações funcionam de muitas outras maneiras — e mais sutis — do que esse modelo gradual sugere.

E se é simplista para as marcas de produtos, esse modelo provavelmente não tem qualquer utilidade para as nossas marcas não-convencionais. Por quê? Porque talvez as marcas de que estamos falando aqui não sejam "necessárias", nem sejam compradas, nem existam em estoques, ou satisfaçam desejos ou sejam usadas duas vezes.

É possível até mesmo a existência do que eu chamo de "marcas de longa distância", que buscam desenvolver uma relação com as pessoas mesmo que não seja provável que elas as utilizem por talvez décadas. (Pense em marcas como as de empresas funerárias, asilos, CVV, a marca britânica Saga etc.)

Essas marcas podem tentar alcançar outros (talvez usuários) pelo seu *intermédio*, se você for influente ou se estiver próximo da pessoa que de fato se quer alcançar. (Pense na Igreja Católica, nos escoteiros e mesmo nas universidades.)

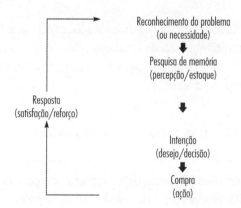

Ilustração 20.2 O processo de decisão de compra (adaptado de Chernatony)

É precisamente em razão da duração maior do relacionamento e da expansão do público-alvo que necessitamos daquele tipo mais amplo de definição de marca que esboçamos anteriormente.

Por fim vem o fato — que talvez seja o *mais* importante — de que essas marcas não esperam nas prateleiras até nos aproximarmos: em geral são elas que se aproximam de nós — e, ao se aproximarem, podem estar buscando não a nossa compra, mas a nossa *adesão*.

O conceito de "adesão"

Ao longo da história, praticamente todo o nosso pensamento sobre marcas tem envolvido algum tipo de troca monetária. Mas, como a nossa definição "ampliada" salientou, isso pode não ocorrer com as marcas não-convencionais. Em termos simples, em vez de lhe perguntar se quer comprá-las, talvez perguntem apenas se você adere a elas ou à causa que defendem. Daí a noção de "adesão", porque o que na verdade essas marcas lhe pedem pode ser:

- Que você lhes faça uma doação (tempo, dinheiro ou bens)
- Que as aprove
- Que se lembre delas
- Que as apóie
- Que se sinta positivo em relação a elas
- Que se oponha ao que elas se opõem
- Que as use no futuro
- Que as possua a distância
- Que viva nelas ou as visite ou a recíproca
- Que lhes permita entrar em sua vida — agora ou no futuro.

O que é mais, como já dissemos acima, essas marcas podem aproximar-se de você mais como pessoas do que como produtos. Em outras palavras, é possível extrair um grande aprendizado do universo das relações interpessoais, como se formam e se processam, na compreensão de como essas marcas não-convencionais se comunicam para conquistar "adesão". As primeiras impressões, as comunicações não-verbais, o tom de voz, o poder de atração, a empatia, a linguagem corporal — tudo isso pode informar o nosso pensamento sobre o "comportamento" ótimo das nossas marcas não-convencionais ou de "adesão".

A implicação disso é que, no mínimo, podemos precisar de um modelo novo, ainda simples (mas não simplista) de "processo de decisão de adesão" para esses tipos de marca. E isso por sua vez nos ajudará a definir que papel a propaganda pode desempenhar na geração dessa adesão.

O "processo de decisão de adesão"

O trabalho que desenvolvi sobre países, problemas, causas e beneficência, partidos políticos e pessoas na qualidade de marcas confirma a visão geralmente aceita de que os dois impulsionadores-chave da identificação — uma espécie de substituta da "adesão" — são "percepção" ("Já ouvi falar nelas?") e "familiaridade" ("Eu sei alguma coisa sobre elas?"). Mas, extraindo de algumas das teorias sobre como as relações interpessoais se formam, eu interporia entre ambas, no nosso processo de adesão, a "visualização" ("Elas evocam uma imagem imediata?").

Avançando para além dessas três, eu agora postularia os seguintes passos no processo de adesão:

- Ressonância: elas "significam" alguma coisa para mim? são relevantes para a minha vida?
- Disposição: francamente, eu as aprecio ou pelo menos tenho empatia com elas?

Conduzindo à

- Adesão: eu usarei/visitarei/apoiarei etc, essa marca num momento relevante?

A Ilustração 20.3 mostra como é, em linhas gerais, o processo de adesão.

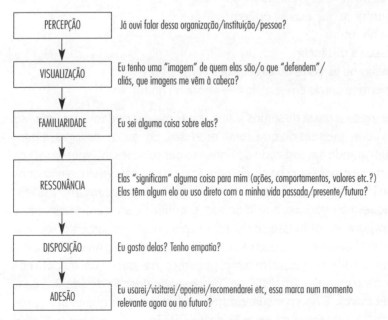

Ilustração 20.3 O processo de decisão de adesão

Que papel a propaganda pode desempenhar nesse processo?

O processo de adesão descrito aqui não constitui um simples modelo "passo a passo" (como aquele exemplo PIDA anterior), porque cada um dos "estágios" do processo é tanto cumulativo quanto "aprofundador". Como tal, o papel da propaganda variará em cada estágio — e (muito geralmente) será mais eficaz nos estágios "mais altos"; enquanto nos estágios "mais profundos" outros fatores (boca a boca, os valores individuais etc.) podem representar influências preponderantes. Isso dito, examinemos brevemente como a propaganda pode trabalhar em cada estágio:

- **Percepção:**
O papel mais óbvio da propaganda: criar a simples percepção do nome e associá-lo ao tema em questão.
- **Visualização:**
Mais difícil, mas eficaz quando realizado. A propaganda pode dar às pessoas uma imagem positiva ou um ícone que elas possam de imediato "evocar" quando o nome for relembrado. (Um bom exemplo aqui seria o do Comic Relief.)
- **Familiaridade:**
Pode ser só um fato, valor ou impressão que se "conecte" rapidamente com aquela marca. Provocando a resposta: "Eu conheço essa marca; ela não faz X?" Mediante a clareza da proposta e de uma expressão eficaz da essência da marca, a propaganda pode talvez criar a "parcela memorável" de imagens que permanecerão até um ponto distante de necessidade.
- **Ressonância:**
Mais complexo, porque em certo sentido cabe ao usuário fazer as associações. O papel da propaganda aqui pode ser enfatizar essas ações, comportamentos ou valores que provavelmente terão o maior ou mais amplo "poder de atração". Dado, porém, que o futuro é menos certo do que o passado, o papel da propaganda aqui pode ser enfatizar as necessidades de amanhã, em vez da experiência de ontem.
- **Disposição:**
É difícil para a propaganda exercer influência em termos de conteúdo (o que diz). Contudo, o importante é que, por meio da sua execução (como diz), a propaganda pode desarmar, humanizar, fazer sorrir — tudo o que pode afetar a "atratividade" da nossa marca e, em decorrência, o "gostar".
- **Adesão:**
O ponto de chegada de todos os anteriores. Como se trata de um processo cumulativo, a propaganda trabalha até atingir este patamar, em vez de diri-

gir-se a ele diretamente. Isso dito, a propaganda, nessa fase, pode desempenhar o papel de fazer um chamado à ação em termos de apoio/doação/associação etc., ou de manter/renovar a adesão emocional a longo prazo.

Conclusão

Estamos nos primórdios desses tipos de marca e de modelo. Na verdade, a literatura nessa área se afigura bastante pobre. Assim, o conceito de "adesão" e o processo que ele implica podem ajudar-nos a perceber que, para muitas organizações, os modelos tradicionais "de compra" são inadequados. Neste novo mundo das marcas, torna-se necessário um novo enfoque, que seja sensível às sutilezas das organizações que freqüentemente se encontram no início da sua jornada pela trilha das comunicações. O modelo de processo de decisão de adesão esboçado aqui talvez represente um valioso primeiro passo na estrada. E o papel da propaganda em cada estágio talvez ajude os "proprietários de marcas" a identificar e desenvolver novos e mais imaginativos modos de manejar esse que é o mais eficaz dos veículos de comunicação.

N.	Tipo	Propositores	Tema	Descrição	Considerações da CESP
64	Modificativa	*Idem*	Edição	Detalhando que, no caso de decorrido um ano do lançamento da edição e editor vendendo como saldo, autor tem prioridade (como tinha no Substitutivo), mas pelo preço de saldo, "por uma questão de justiça".	Acolhida.
65	Modificativa	Inocêncio Oliveira (líder do PFL)	Reprodução / Digital	Queria estabelecer ser reprodução também o armazenamento por meio audiovisual.	Acolhida com subemenda suprimindo o "audiovisual".
66	Modificativa	*Idem*	Direitos morais	Restringindo o direito do autor modificar a obra à observância de limitações contratuais – art. 24, V ("a inclusão da expressão previne conflitos e assegura direitos patrimoniais de terceiros").	Rejeitada, por isso já constar dos direitos patrimoniais.
67	Modificativa	*Idem*	Direitos morais	Limitava o direito de suspender utilização ou retirar de circulação à obra aos casos em que houvesse afronta à reputação e imagem (art. 24, VI).	Acolhida.
68	Modificativa	*Idem*	Direitos morais	O direito de acesso a exemplar único e raro seria limitado aos casos em que o proprietário do suporte físico consente (art. 24, VII). **Não adotado**.	Acolhida com subemenda, estabelecendo que serviria somente para preservação da memória (e não para exercer direito de divulgação), e que deveria causar o menor inconveniente possível e indenização, se fosse o caso.

N.	Tipo	Propositores	Tema	Descrição	Considerações da CESP
69	Modificativa	*Idem*	Gestão coletiva	O art. 101 determinava que as associações tornam-se mandatárias dos associados com o ato de filiação; emenda queria que houvesse autorização expressa, senão "o titular dos direitos torna-se refém da associação, (...) também porque ao ser obrigado a filiar-se a uma só associação fica impedido de livremente escolher qualquer outra associação, por mais eficiente que seja, para representá-lo na defesa de seus interesses".	Rejeitada, porque isso exigiria apresentação de poderes de cada um dos associados em cada caso, e outro dispositivo da lei já autorizava exercício direto dos direitos pelos associados.
70	Supressiva	*Idem*	Cópia privada	Supressão do art. 104. Semelhante à emenda 52, com justificativa dessa vez de que a cobrança teria nat ureza tributária e seria indevida ingerência do Estado na atividade privada.	Prejudicada porque rejeitada a emenda 52.
71	Supressiva	*Idem*	Cópia privada	Supressão do art. 105 (continuação da emenda 70). **Adotado.**	Prejudicada porque rejeitada a emenda 52.
72	Supressiva	Inocêncio Oliveira, líder do PFL; Marcelo Barbieri, Bloco Parlamentar PMDB / PSD / PRONA	Cópia privada	Pela supressão do art. 104, justificando agora que "a lei pretende atribuir aos fabricantes de suportes materiais virdens um ônus sobre a POSSIBILIDADE ou EVENTUALIDADE de reprodução privada de fonogramas ou videofonogramas", ou seja, com base em uma presunção, e não atribuindo ônus a quem de fato infringiu direitos. Mencionava também aumento no curso dos produtos, e estímulo ao contrabando. Adotado.	Prejudicada porque rejeitada a emenda 52.

N.	Tipo	Propositores	Tema	Descrição	Considerações da CESP
73	Aditiva	Inocêncio Oliveira, líder do PFL; Odelmo Leão, líder do PPB	Radiodifusão / isenções	Isentando ao pagamento de direitos autorais as empresas de radiodifusão com faturamento de até dez mil reais (art. 94 do substitutivo, com acréscimo de par. 2o.).	Rejeitada "por violação de princípio constitucional da isonomia" e por violar a regra de três passos de Berna, que não preveria a limitação de direitos de autor em função da condição econômica do usuário. "De resto, o direito autoral não é contribuição, mas uma remuneração, quer dizer, é o preço pago pela utilização de um bem alheio".
74	Aditiva	Luiz Mainardi, bloco parlamentar PT / PDT / PCdoB	Gestão coletiva	Criava uma extensa regulamentação sobre a gestão coletiva, prevendo sua regionalização e a atuação do Ministério Público na fiscalização, nos moldes do PL proposto por Luiz Mainardi (PL 2.951/96).	Rejeitada, porque "a cobrança dos direitos de execução pública deve ser unificada, como é em todos os países do mundo, com única exceção dos Estados Unidos", e a unificação tinha sido demanda dos usuários a unificação.

- editoraletramento
- editoraletramento
- grupoletramento
- editoraletramento.com.br
- company/grupoeditorialletramento
- contato@editoraletramento.com.br

- casadodireito.com
- casadodireitoed
- casadodireito

N.	Tipo	Propositores	Tema	Descrição	Considerações da CESP
64	Modificativa	*Idem*	Edição	Detalhando que, no caso de decorrido um ano do lançamento da edição e editor vendendo como saldo, autor tem prioridade (como tinha no Substitutivo), mas pelo preço de saldo, "por uma questão de justiça".	Acolhida.
65	Modificativa	Inocêncio Oliveira (líder do PFL)	Reprodução / Digital	Queria estabelecer ser reprodução também o armazenamento por meio audiovisual.	Acolhida com subemenda suprimindo o "audiovisual".
66	Modificativa	*Idem*	Direitos morais	Restringindo o direito do autor modificar a obra à observância de limitações contratuais – art. 24, V ("a inclusão da expressão previne conflitos e assegura direitos patrimoniais de terceiros").	Rejeitada, por isso já constar dos direitos patrimoniais.
67	Modificativa	*Idem*	Direitos morais	Limitava o direito de suspender utilização ou retirar de circulação à obra aos casos em que houvesse afronta à reputação e imagem (art. 24, VI).	Acolhida.
68	Modificativa	*Idem*	Direitos morais	O direito de acesso a exemplar único e raro seria limitado aos casos em que o proprietário do suporte físico consente (art. 24, VII). **Não adotado**.	Acolhida com subemenda, estabelecendo que serviria somente para preservação da memória (e não para exercer direito de divulgação), e que deveria causar o menor inconveniente possível e indenização, se fosse o caso.

N.	Tipo	Propositores	Tema	Descrição	Considerações da CESP
69	Modificativa	*Idem*	Gestão coletiva	O art. 101 determinava que as associações tornam-se mandatárias dos associados com o ato de filiação; emenda queria que houvesse autorização expressa, senão "o titular dos direitos torna-se refém da associação, (...) também porque ao ser obrigado a filiar-se a uma só associação fica impedido de livremente escolher qualquer outra associação, por mais eficiente que seja, para representá-lo na defesa de seus interesses".	Rejeitada, porque isso exigiria apresentação de poderes de cada um dos associados em cada caso, e outro dispositivo da lei já autorizava exercício direto dos direitos pelos associados.
70	Supressiva	*Idem*	Cópia privada	Supressão do art. 104. Semelhante à emenda 52, com justificativa dessa vez de que a cobrança teria natureza tributária e seria indevida ingerência do Estado na atividade privada.	Prejudicada porque rejeitada a emenda 52.
71	Supressiva	*Idem*	Cópia privada	Supressão do art. 105 (continuação da emenda 70). **Adotado.**	Prejudicada porque rejeitada a emenda 52.
72	Supressiva	Inocêncio Oliveira, líder do PFL; Marcelo Barbieri, Bloco Parlamentar PMDB / PSD / PRONA	Cópia privada	Pela supressão do art. 104, justificando agora que "a lei pretende atribuir aos fabricantes de suportes materiais virdens um ônus sobre a POSSIBILIDADE ou EVENTUALIDADE de reprodução privada de fonogramas ou videofonogramas", ou seja, com base em uma presunção, e não atribuindo ônus a quem de fato infringiu direitos. Mencionava também aumento no curso dos produtos, e estímulo ao contrabando. Adotado.	Prejudicada porque rejeitada a emenda 52.